AF277279

Todos los libros de Linkgua Ediciones cuentan con modelos de Inteligencia Artificial entrenados por hispanistas. Pregúntale al chat de tu libro lo que desees acerca de la obra o su autor/a.

Para ebooks: Accede a nuestro modelo de IA a través de este enlace.

Para libros impresos: Escanea el código QR de la portada con tu dispositivo móvil.

Obtén análisis detallados de nuestros libros, resúmenes, respuestas a tus preguntas y accede a nuestras ediciones críticas generativas para una experiencia de lectura más enriquecedora.
La transparencia y el respeto hacia la autoría de las fuentes utilizadas son distintivos básicos de nuestro proyecto. Por ello, las respuestas ofrecen, mediante un sistema de citas, las fuentes con las que han sido elaboradas.

Gaspar de Carvajal

Pedrarias de Almesto

Martín de Saavedra y Guzmán

Alonso de Rojas

Descubrimiento del río de las Amazonas

Barcelona **2026**
Linkgua-ediciones.com

Créditos

Título original: Descubrimiento del río de las Amazonas.

© 2025, Red ediciones S.L.

e-mail: info@linkgua-ediciones.com

Diseño de cubierta: Michel Mallard.

ISBN tapa dura: 978-84-1126-391-7.
ISBN rústica: 978-84-9007-271-4.
ISBN ebook: 978-84-9007-267-7.

Sumario

Brevísima presentación

Gaspar de Carvajal
(Trujillo, c. 1500-Lima, Perú, 1584). España.

Tras ingresar en la orden dominica, marchó a Perú en 1523, dedicándose a la conversión de los indígenas. En 1540 fue capellán en la expedición de Gonzalo Pizaro, en busca del País de la Canela al este de Quito.

La expedición atravesó los Andes y se internó en la selva amazónica. Pizarro ordenó a su segundo al mando que con cincuenta hombres (entre ellos Gaspar de Carvajal) descendiese el río Napo en busca de provisiones.

Alcanzaron la confluencia del Napo y el Trinidad, pero no encontraron provisiones. Sin poder volver atrás por la fuerza de la corriente, decidieron seguir río abajo, hasta llegar a la desembocadura del Amazonas.

Los datos de la expedición registrados por fray Gaspar de Carvajal proporcionan información de gran interés etnológico sobre la disposición y tamaño de los poblados, ocupación continua a lo largo de las barrancas del río, caminos amplios que comunican el río Amazonas con la tierra firme, tácticas de guerra, rituales, costumbres y utensilios.

A su regreso al Perú, Carvajal fue elegido subprior del convento de San Rosario en Lima. En este puesto, fue elegido para arbitrar entre el virrey, y los auditores de la Real Audiencia en 1554. Después de la pacificación del Perú, fue enviado por sus superiores como misionero a Tucumán, siendo nombrado protector de los indios.

Carvajal permaneció años en este territorio, y se dice que convirtió a la mayor parte de los indígenas de la zona. En 1553 fue instituido como prior del convento de Huamanga y provincial de Tucumán. Hay constancia de una carta de Carvajal al rey informándole de los abusos que sufrían los indios en las minas del Perú y pidiéndole interviniese en favor de éstos.

Pedrarias de Almesto
Pedrarias de Almesto (o Pedro Arias de Almesto), nació en Zafra (Badajoz) hacia 1540, en una familia hidalga.
Poco se sabe de su vida, se embarcó muy joven para Indias y llegó a Perú. Desde donde parte en la expedición al Amazonas de Pedro de Ursúa.

Martín de Saavedra y Guzmán

Martín de Saavedra Galindo y Guzmán (Córdoba, 1594-Madrid, 1654). España.

Fue un militar y gobernador de Bari y Trani en Italia, y ocupó el cargo de Presidente de la Real Audiencia de Santa Fe de Bogotá entre 1645 y 1652.

Alonso de Rojas

Es mencionado por Diego Rodríguez Docampo, secretario del cabildo catedral de Quito en la *Descripción y relación del estado eclesiástico de el Obispado de San Francisco de Quito, hecha por orden del rey (MS. 1650)*: «De España; profeso, catedrático y perfecto en esta Universidad; gran predicador y sobremanera devoto de la Virgen Nuestra Señora. —Ha sido rector en este Colegio».

Relación
Gaspar de Carvajal

I

Relación que escribió fray Gaspar de Carvajal, fraile de la orden de Santo Domingo de Guzmán, del nuevo descubrimiento del famoso Río Grande que descubrió por muy gran ventura el capitán Francisco de Orellana desde su nacimiento hasta salir a la mar, con cincuenta y siete hombres que trajo consigo y se echó a su ventura por el dicho río, y por el nombre del capitán que le descubrió se llamó el río de Orellana

Para que mejor se entienda todo el suceso desta jornada, se ha de presuponer que este capitán Francisco de Orellana era capitán y teniente de gobernador en la ciudad de Santiago la que él, en nombre de su majestad, pobló y conquistó a su costa, y de la Villa Nueva de Puerto Viejo, que es en las provincias del Perú; y por la mucha noticia que se tenía de una tierra donde se hacía canela, por servir a su majestad en el descubrimiento de la dicha canela, sabiendo que Gonzalo Pizarro, en nombre del marqués, venía a gobernar a Quito y a la dicha tierra que el dicho capitán tenía a cargo; y para ir al descubrimiento de la dicha tierra, fue a la villa de Quito, donde estaba el dicho Gonzalo Pizarro a le ver y meter en la posesión de la dicha tierra. Hecho esto, el dicho capitán dijo al dicho Gonzalo Pizarro cómo quería ir con él en servicio de su majestad y llevar sus amigos y gastar su hacienda para mejor servir; y esto concertado, el dicho capitán se volvió a retornar a la dicha tierra que a cargo tenía y a dejar en quietud y sosiego las dichas ciudad y villa, y para seguir la dicha jornada gastó sobre 40.000 pesos de oro en cosas necesarias, y, aderezado, se partió para la Villa de Quito, donde dejó al dicho Gonzalo Pizarro, y cuando llegó, le falló que era ya partido, de cuya causa el capitán estuvo en alguna confusión de lo que había de hacer, y se determinó de pasar adelante y lo seguir (roto), aunque los vecinos de la tierra se lo estorbaban por haber de pasar por tierra muy belicosa y fragosa y que temían lo matasen, como habían hecho a otros que habían ido con muy gran copia de gente; pero no obstante esto, por servir a su majestad determinó con todo este riesgo de seguir tras el dicho gobernador; y así, padeciendo muchos trabajos, así de hambres como de guerras, que los indios le daban, que por no llevar más de veintitrés hombres muchas veces le ponían en tanto aprieto que pensaron ser perdidos y muertos en manos de ellos y con este trabajo caminó (roto) leguas desde el Quito, en el término de las cuales perdió cuanto llevaba, de manera que, cuando alcanzó al dicho Gonzalo Pizarro, no llevaba sino una espada y una rodela, y sus compañeros por el consiguiente y desta manera entró en la provincia de Motín, donde estaba el dicho Gonzalo Pizarro con su real, y allí se juntó con él y fue en demanda de la dicha canela; y aunque esto que he dicho hasta aquí no lo vi ni me hallé en ello, pero informeme de todos los que venían con el dicho capitán, porque estaba yo con el dicho Gonzalo Pizarro y le vi entrar a él y sus compañeros de la manera que dicho tengo; pero lo que de aquí en adelante dijere será como testigo de vista y hombre a quien Dios quiso dar parte de un tan nuevo y nunca visto descubrimiento, como es este que adelante diré. Después que el dicho capitán llegó al dicho Gonzalo Pizarro, que era gobernador, fue en persona a descubrir la canela, y no halló tierra ni disposición donde a su majestad pudiese hacer servicio, y así determinó de pasar adelante, y el dicho capitán Orellana en su seguimiento con la demás gente, y alcanzó al dicho gobernador en un pueblo que se llamaba Guema, que estaba en unas sabanas 130 leguas de Quito, y allí se tornaron a juntar; y el dicho gobernador, queriendo enviar por el río abajo a descubrir, hubo pareceres que no lo hiciese, porque no era cosa para seguir un río y dejar las sabanas que caen a las espaldas de la villa de Pasto y Popayán, en que había muchos caminos; y todavía el dicho gobernador quiso seguir el dicho río, por el cual anduvimos 20 leguas, al cabo de las cuales hallamos unas poblaciones no grandes, y aquí determinó el dicho Gonzalo Pizarro se hiciese un barco para navegar el río de un cabo al otro por comida que ya aquel río tenía media legua de ancho; y aunque el dicho capitán era de parecer que no se hiciese el dicho barco por algunos buenos respetos, sino que diesen vuelta a las dichas sabanas y siguiésemos los caminos que iban al dicho ya poblado, el dicho Gonzalo Pizarro no quiso sino que se pusiese en obra el dicho barco; y así, el capitán Orellana visto esto, anduvo por todo el real sacando hierro para clavos y echando a cada uno la madera que había de traer, y desta manera y con el trabajo de todos se hizo el dicho barco, en el cual metió el dicho gobernador Pizarro alguna ropa y indios dolientes y seguimos el río abajo otras 50 leguas, al cabo de las cuales se nos acabó el poblado y íbamos ya con muy gran necesidad y falta de comida, de cuya causa todos los compañeros iban muy descontentos y platicaban de se volver y no pasar adelante, porque se tenía noticia que había gran despoblado, y el capitán Orellana, viendo lo que pasaba y la gran necesidad en que todos estaban, y que había perdido todo cuanto tenía, le pareció que no cumplía con su honra dar la vuelta sobre tanta pérdida, y así se fue al dicho gobernador y le dijo cómo él determinaba de dejar lo poco que allí tenía y seguir río abajo, y que si la ventura le favoreciese en que cerca hallase poblado y comida con que todos se pudiesen remediar, que él se lo haría saber, y, que si viese que se tardaba, que no hiciese cuenta dél, y que, entre tanto, que se retrajese atrás donde hubiese comida, y, que allí le esperase tres o cuatro días, o el tiempo que le pareciese, y que si no viniese, que no hiciese cuenta dél; y con esto el dicho gobernador le dijo que hiciese lo que le pareciese; y así, el capitán Orellana tomó consigo cincuenta y siete hombres con los cuales se metió en el barco ya dicho y en ciertas canoas que a los indios se habían tomado, y comenzó a seguir su río abajo con propósito de luego dar la vuelta, si comida se hallase; lo cual salió al contrario de como todos pensábamos; porque no fallamos comida en 200 leguas, ni nosotros la hallábamos, de cuya causa padecimos muy gran necesidad, como adelante se dirá; y así, íbamos caminando suplicando a Nuestro Señor tuviese por bien de nos encaminar en aquella jornada de manera que pudiésemos volver a nuestros compañeros. El segundo día que salimos y nos apartamos de nuestros compañeros nos hubiésemos de perder en medio del río, porque el barco dio en un palo y sumiole una tabla, de manera que a no estar cerca de tierra acabáramos allí nuestra jornada; pero púsose luego remedio en sacarse de agua y ponerle un pedazo de tabla, y luego comenzamos nuestro camino con muy gran prisa; y como el río corría mucho andábamos a 20 y a 25 leguas, porque ya el río iba crecido y aumentando así, por causa de otros muchos ríos que entraban en él por la mano diestra hacia el sur. Caminamos tres días sin poblado ninguno. Viendo que nos habíamos alejado de donde nuestros compañeros habían quedado y que se nos había acabado lo poco que de comer traíamos para nuestro camino, tan incierto como el que hacíamos, púsose en plática entre el capitán y los compañeros la dificultad, y la vuelta, y la falta de la comida, porque como pensábamos de dar luego la vuelta, no metimos de comer; pero en confianza que no podíamos estar lejos, acordamos de pasar adelante, y esto no con poco trabajo de todos, y como otro ni otro día no se hallase comida ni señal de población, con parecer del capitán, dije yo una misa, como se dice en la mar, encomendando a Nuestro Señor nuestras personas y vidas, y suplicándole, como indigno, nos sacase de tan manifiesto trabajo y perdición, porque ya se nos traslucía, porque aunque quisiésemos volver agua arriba no era posible por la gran corriente, pues tentar de ir por tierra era imposible: de manera que estábamos en gran peligro de muerte a causa de la gran hambre que padecimos; y así, estando buscando el consejo de lo que se debía de hacer, platicando nuestra aflicción y trabajos, acordose que eligiésemos de dos males el que al capitán y a todos pareciese menor, que fue ir adelante y seguir el río o morir o ver lo que en él había, confiando en Nuestro Señor, que tendría por bien de conservar nuestras vidas fasta ver nuestro remedio; y entre tanto, a falta de otros mantenimientos, vinimos a tan gran necesidad que no comíamos sino cueros, cintas y suelas de zapatos cocidos con algunas hierbas, de manera que era tanta nuestra flaqueza que sobre los pies no nos podíamos tener, que unos a gatas y otros con bordones se metieron en las montañas a buscar algunas raíces que comer, y algunos hubo que comieron algunas hierbas no conocidas, los cuales estuvieron a punto de muerte, porque estaban como locos y no tenían seso; pero como Nuestro Señor era servido que siguiésemos nuestro viaje, no murió ninguno. Con esta fatiga dicha iban algunos compañeros muy desmayados, a los cuales el capitán animaba y decía que se esforzasen y tuviesen confianza en Nuestro Señor, que pues él nos había echado por aquel río, tendría bien de nos sacar a buen puerto: de tal manera animó a los compañeros que recibiesen aquel trabajo.

El día de año nuevo de cuarenta y dos pareció a ciertos compañeros de los nuestros que habían oído tambores de indios, y algunos lo afirmaban y otros decían que no; pero algún tanto se alegraron con esto y caminaron con mucha (más) diligencia de la acostumbrada; y, como a lo cierto aquel día ni otro no se viese poblado, viose ser imaginación, como en la verdad lo era; y desta causa, así los enfermos como los sanos, desmayaban en tanta manera, que les parecía que ya no podían escapar; pero con las palabras que el capitán les decía los sustentaba, y como Nuestro Dios es padre de misericordia y de toda consolación, que repara y socorre al que le llama en el tiempo de la mayor necesidad: y es, que estando lunes en la noche que se contaron ocho del mes de enero, comiendo ciertas raíces montesinas, oyeron muy claramente atambores, de muy lejos de donde nosotros estábamos, y el capitán fue el que los oyó primero y lo dijo a los compañeros, y todos escucharon y, certificados, fue tanta el alegría que todos sintieron, que todo el trabajo pasado echaron en olvido porque ya estábamos en tierra y que ya no podíamos morir de hambre. El capitán proveyó luego en que por cuartos nos velásemos con mucha orden, porque (roto) podría ser los indios habernos sentido y venir de noche y dar sobre el real, como ellos suelen hacer; y así, aquella noche hubo muy gran vela, no durmiendo el capitán, pareciendo que aquella noche sobrepujaba a las demás, porque deseaban tanto el día por verse hartos de raíces. Siquiera venida la mañana, el capitán mandó que se aderezase la pólvora y arcabuces y ballestas, y que todos fuesen a punto de armarse, porque a la verdad aquí ninguno de los compañeros estaba sin mucho cuidado por hacer lo que debían. El capitán tenía el suyo y el de todos; y así, por la mañana, todo muy bien aderezado y puesto en orden, comenzamos a caminar en demanda del pueblo. Al cabo de 2 leguas que habíamos ido el río abajo vimos venir por el río arriba cuatro canoas llenas de indios a ver y requerir la tierra, y como nos vieron, dan la vuelta a gran prisa, dando arma, en tal manera que en menos de un cuarto de hora oímos en los pueblos muchos atambores que apellidaban la tierra, porque se oyen de muy lejos y son tan bien concertados, que tienen su contra y tenor y triple: y luego el capitán mandó que a muy gran prisa remasen los compañeros que llevaban los remos en las manos, porque llegásemos al primer pueblo antes que las gentes se recogiesen; y así fue que a muy gran prisa comenzamos a caminar, y llegamos al pueblo a donde los indios todos estaban esperando a defender y guardar sus casas, y el capitán mandó que con muy gran orden saltasen todos en tierra y que todos mirasen por uno y uno por todos, y que ninguno se desmandase y como buenos mirasen lo que tenían entre manos y que cada uno hiciese lo que era obligado: fue tanto el ánimo que todos cobraron en viendo el pueblo, que olvidaron toda fatiga pasada, y los indios dejaron el pueblo con toda la comida que en él había, que no fue poco reparo y amparo para nosotros. Antes que los compañeros comiesen, aunque tenían harta necesidad, mandó el capitán que corriesen todos el pueblo, porque después, estando recogiendo comida y descansando, no revolviesen los indios sobre nosotros y nos hiciesen daño, y así se hizo. Aquí comenzaron los compañeros a se vengar de lo pasado, porque no hacían sino comer de lo que los indios tenían guisado para así beber de sus brebajes y esto con tanta agonía que no pensaban verse hartos; y no se hacía esto muy al descuido, porque aunque comían como hombres lo que habían menester, no olvidaban de tener cuidado de lo que les era necesario para defender sus personas, que todos andaban sobre aviso, las rodelas al hombro y las espadas debajo de los sobacos, mirando si los indios revolvían sobre nosotros; y así estuvimos en este descanso, que tal se puede llamar para nosotros según el trabajo (que) habíamos pasado, fasta dos horas después del medio día, que los indios comenzaron de venir por el agua a ver qué cosa era, y así andaban como bobos por el río; y visto esto por el capitán, púsose sobre la barranca del río y en su lengua, que en alguna manera los entendía, comenzó de fablar con ellos y decir que no tuviesen temor y que llegasen, que les querían hablar; y así llegaron dos indios hasta donde estaba el capitán, y les halagó y quitó el temor y les dio de lo que tenía, y dijo que les fuesen a llamar al señor, que le quería hablar, y que ningún temor tuviese que le hiciese mal ninguno; y así los indios tomaron lo que les fue dado y fueron luego a decirlo a su señor, el que vino luego muy lucido donde el capitán y los compañeros estaban y fue muy buen recibido del capitán y de todos, y le abrazaron, y el mismo Cacique mostró tener en sí mucho contentamiento en ver el buen recibimiento que se le hacía. Luego el capitán le mandó dar de vestir y otras cosas conque él mucho se holgó; y después quedó tan contento que dijo que mirase el capitán de qué tenía necesidad, que él se lo daría, y el capitán le dijo que de ninguna cosa más que de comida lo mandase proveer; y luego el Cacique mandó que trajesen comida sus indios, y con muy gran brevedad trajeron abundantemente lo que fue necesario, así de carnes, perdices, pavas y pescados de muchas maneras; y después de esto, el capitán lo agradeció mucho al Cacique y le dijo que se fuese con Dios, y que le llamase a todos los señores de aquella tierra, que eran trece, porque a todos juntos les quería hablar y decir la causa de su venida; y aunque él les dijo que otro día serían todos con el capitán, y que él los iba a llamar, y se partía muy contento, el capitán quedó dando orden en lo que convenía a él y a sus compañeros, ordenando las velas para que, así de día como de noche, hubiese mucho recaudo porque los indios no diesen en nosotros ni hubiese descuido ni flojedad por donde tomasen ánimo de nos acometer de noche o de día. Otro día a hora de vísperas vino el dicho Cacique y trujo consigo otros tres o cuatro señores, que los demás no pudieron venir por estar lejos, que otro día vendrían; el capitán les hizo el mismo recibimiento que al primero y les habló muy largo de parte de su majestad, y en su nombre tomó la posesión de la dicha tierra; y así fizo a todos los demás que después en esta provincia vinieron, porque, como dije, eran trece, y en todos tomó posesión en nombre de su majestad. Viendo el capitán que toda la gente y señores de la tierra tenían de paz y consigo que convenía al buen tratamiento, todos holgaban de venir en paz; y así tomó posesión en ellos y en la dicha tierra en nombre de su majestad; y después de esto fecho mandó juntar a sus compañeros para les hablar en lo que convenía a su jornada y salvamento y sus vidas, haciéndoles un largo razonamiento, esforzándoles con muy grandes palabras. Después de hecho este razonamiento el capitán, los compañeros quedaron muy contentos por ver el buen ánimo que el capitán en sí tenía y ver con cuánta paciencia sufría los trabajos en que estaba, y le dijeron también muy buenas palabras, y con las palabras que el capitán les decía andaban tan contentos que ninguna cosa de lo que trabajaban no sentían.

Después que los compañeros estuvieron reformados algún tanto de la hambre y trabajo pasado, estando para trabajar el capitán, viendo que era necesario proveer lo de adelante, mandó llamar a todos sus compañeros, y les tornó a decir que ya veían que con el barco que llevábamos y canoas, si Dios fuese servido de nos aportar a la mar, no podíamos en ellos salir a salvamento y por esto era necesario procurar con diligencia de hacer otro bergantín, que fuese de más porte, para que pudiésemos navegar, y aunque no había entre nosotros maestro que supiese de tal oficio, porque lo que más dificultoso hallábamos era el hacer los clavos; y en este tiempo los indios no dejaban de acudir y venir al capitán y le traer de comer muy largo y con tanta orden como si toda su vida hubieran servido; y venían con sus joyas y patenas de oro y jamás el capitán consintió tomar nada, ni aun solamente mirarlo, porque los indios no entendiesen que lo teníamos en algo, y mientras en esto nos descuidábamos, más oro se echaba a cuesta.

Aquí nos dieron noticia de las amazonas y de la riqueza que abajo hay, y el que la dio fue un indio señor llamado Aparia, viejo que decía haber estado en aquella tierra, y también nos dio noticia de otro señor que estaba apartado del río, metido en la tierra adentro, el cual decía poseer muy gran riqueza de oro: este señor se llama Ica; nunca le vimos, porque como digo, se nos quedó desviado del río.

Y por no perder el tiempo ni gastar la comida en balde, acordó el capitán que luego se pusiese por obra lo que se había de hacer, y así mandó aparejar lo necesario, y los compañeros dijeron que querían comenzar luego su obra; y hubo entre nosotros dos hombres a los cuales no se debe poco, por hacer lo que nunca aprendieron, y parecieron ante el capitán y le dijeron que ellos, con ayuda de Nuestro Señor, harían los clavos que fuesen menester, que mandasen a otros hacer carbón. Estos dos compañeros se llamaban el uno Juan de Alcántara hidalgo, natural de la villa de Alcántara, y el otro Sebastián Rodríguez, natural de Galicia; y el capitán se lo agradeció prometiéndoles el galardón y pago de tan gran obra; y luego mandó hacer unos fuelles de borceguíes, y así todas las demás herramientas, y los demás compañeros mandó que de tres en tres diesen buena hornada de carbón, lo cual se puso luego por obra, y tomó cada uno su herramienta y se iban al monte a cortar leña y la traer a cuestas desde el monte hasta el pueblo, que habría media legua, y hacían sus hoyos, y esto con muy gran trabajo. Como estaban flacos y no diestros en aquel oficio, no podían sufrir la carga, y los demás compañeros que no tenían fuerza para cortar madera, sonaban los fuelles y otros acarreaban agua, y el capitán trabajaba en todo, de manera que todos teníamos en qué entender. Diose tan buena manera nuestra compañía en este pueblo en la fábrica desta obra, que en veinte días, mediante Dios, se hicieron dos mil clavos muy buenos y otras cosas, y dejó el capitán la obra del bergantín para donde hallase más oportunidad y mejor aparejo.

Detuvímonos en este pueblo más de lo habíamos de estar, comiendo lo que teníamos, de tal manera que fue parte para que desde en adelante pasásemos muy gran necesidad, y esto fue por ver si por alguna vía o manera podíamos saber nueva del real; y visto que no, el capitán acordó de dar 1.000 castellanos a seis compañeros si juntarse quisiesen y dar la nueva al gobernador Gonzalo Pizarro, y demás desto les darían dos negros que les ayudasen a remar y algunos indios para que le llevasen cartas y le diesen de su parte nueva de lo que pasaba; y entre todos no se fallaron sino tres, porque todos temían la muerte que les estaba cierta, por lo que habían de tardar hasta llegar a donde habían dejado al dicho gobernador, y que él habría ya dado la vuelta, porque habían andado 150 leguas desde que habían dejado al gobernador en nueve días que habían caminado.

Acabada la obra, y visto que la comida se nos agotaba y se nos habían muerto siete compañeros de la hambre pasada, partimos, día de Nuestra Señora la Candelaria: metimos la comida que pudimos, porque ya no era tiempo de estar más en aquel pueblo, lo uno, porque los naturales parecía que se les hacía de mal, y querían dejarlos muy contentos, y lo otro porque no perdiésemos el tiempo y gastásemos la comida sin provecho, porque no sabíamos si la habríamos menester; y así comenzamos a caminar por esta dicha provincia, y no habíamos andado obra de 20 leguas cuando se juntó con nuestro río otro por la diestra mano, no muy grande, en el cual río tenía su asiento un principal señor llamado Irrimorrany, por ser indio y señor de mucha razón y haber venido a ver al capitán y a le traer de comer, quiso ir a su tierra, pero también fue por causa de que venía el río muy recio y con grande avenida; y aquí estuvimos en punto de nos perder, porque al entrar, que entraba este río en el que nosotros navegábamos, peleaba la una agua con la otra y traía mucha madera de un cabo a otro, que era trabajo navegar por él, porque hacía muchos remolinos y nos traía a un cabo y a otro; pero con harto trabajo salimos deste peligro sin poder tomar el pueblo, y pasamos adelante, donde teníamos nueva de otro pueblo que nos decían que estaba de allí 200 leguas, porque todo lo demás era desierto, y así las caminamos con mucho trabajo de nuestras personas, padeciendo muchas necesidades y peligros muy notables, entre los cuales nos acaeció un desmán y no pequeña alteración para en el tiempo en que estábamos, y fue que dos canoas donde iban once españoles de los nuestros se perdieron entre unas islas sin saber dónde estábamos ni los poder topar: anduvieron dos días perdidos sin nos poder topar, y nosotros, pensando nunca los cobrar, estábamos con muy gran pasión; pero al cabo deste dicho tiempo fue Nuestro Señor servido que nos topamos, que no fue poca el alegría entre todos, y así estábamos con tanta alegría que nos parecía que todo el trabajo pasado se nos había olvidado. Después de haber un día descansado a donde los topamos, mandó el capitán que caminásemos.

Otro día, a las diez horas, llegamos a unas poblaciones en las cuales estaban los indios en sus casas, y por no alborotar no quiso el capitán que llegásemos allá, y mandó a un compañero que fuese con otros veinte a donde los indios estaban y que no saltasen en sus casas ni saliesen en tierra, sino que con mucho amor les dijesen la gran necesidad en que íbamos, y que nos diesen de comer y que viniesen a hablar al capitán, que quedaba en medio del río, porque les quería dar de lo que traía y decir la causa de su venida. Los indios se estuvieron quedos y holgáronse mucho en ver nuestros compañeros, y les dieron mucha comida de tortugas y papagayos en abundancia, y les dijeron que dijesen al capitán que se fuese a aposentar a un pueblo que estaba despoblado de la otra parte del río, y que otro día de mañana le irían a ver. El capitán holgó mucho con la comida y más con la buena razón de los indios, y así nos fuimos a aposentar y dormimos aquella noche en el ya dicho pueblo, donde no nos faltaron abundancia de mosquitos, que fue causa de que otro día de mañana el capitán se fuese a otro pueblo mayor que parecía más abajo; y llegados los indios no se pusieron en resistencia, antes estuvieron quedos, y allí holgamos tres días, a donde los indios vinieron en paz a nos traer de comer muy largo. Otro día, pasados los tres, salimos deste pueblo y caminamos por nuestro río a vista de buenos pueblos; y yendo así, un domingo de mañana, a una división que el río hacía, que se partía en dos partes, subieron a vernos unos indios en cuatro o cinco canoas que venían cargados de mucha comida, y se llegaron cerca de donde venía el capitán y pidieron licencia para llegar porque le querían hablar al dicho capitán, el cual mandó que llegasen; y así llegaron, le dijeron como ellos eran principales vasallos de Aparia, y que por su mandado venían a nos traer de comer; y comenzaron a sacar de sus canoas muchas perdices como las de nuestra España, sino que son mayores, y muchas tortugas, que son tan grandes como adargas, y otros pescados. El capitán se lo agradeció y les dio de lo que tenía, y después de se lo haber vendido, los indios quedaron muy contentos de ver el buen tratamiento que se les hacía, y en ver que el capitán les entendía su lengua, que no fue poco para que nosotros saliésemos a puerto de claridad, que, a no la entender, tuviéramos por dificultosa nuestra salida. Ya que los indios se querían despedir, dijeron al capitán que fuese al pueblo donde residía su principal señor, que como digo, se llamaba Aparia, y el capitán les dijo que por cuál de los dos brazos había de ir, y ellos respondieron que ellos nos guiarían, que fuésemos en su seguimiento; y así, a poco rato, vimos las poblaciones donde estaba el dicho señor, y caminando hacia allá el capitán tornó a preguntar a los indios que cuyas eran aquellas poblaciones; los indios respondieron que allí estaba el sobredicho su señor, y así comenzaron a irse hacia el pueblo a dar mandado como íbamos, y no tardó mucho que vimos salir del dicho pueblo muchos indios a se embarcar en sus canoas, a manera de hombres de guerra, y pareció querernos acometer. El capitán mandó a sus compañeros, que veían la muestra que los indios hacían, que fuesen a punto con sus armas aparejadas, porque si nos acometiesen no fuesen parte para nos hacer daño; y con mucha orden, remando y a muy gran fuerza, abordamos en tierra, y los indios pareció desviarse. El capitán saltó en tierra con sus armas, y tras él los demás, y desto quedaron los indios muy espantados y se llegaron más a tierra. El capitán como los entendiese, que, como dicho tengo, el entender él la lengua, fue parte después de Dios, para no nos quedar en el río, que a no la entender, ni los indios salieran de paz ni nosotros acertáramos en estas poblaciones; mas como era Nuestro Señor servido que tan gran secreto y descubrimiento se hiciese y viniese a noticia de la Cesárea Majestad, y con tanta dificultad, se descubrió, y por otra vía ni fuerza ni poderío humano era posible descubrirse sin poner Dios en ello su mano, o sin que pasasen muchos siglos y años.

Después que el capitán llamó a los indios les dijo que no tuviesen temor, que saltasen en tierra, y ellos así lo hicieron, que se llegaron junto a tierra, mostrando en su semblante que se holgaban de nuestra venida; y saltó el señor en tierra, y con él muchos principales y señores que lo acompañaban, y pidió licencia al capitán para se asentar, y así se asentó, y toda su gente en pie, y mandó sacar de sus canoas mucha cantidad de comida, así de tortugas como de manatíes y otros pescados, y perdices y gatos y monos asados. Viendo el capitán el buen comedimiento del señor, le hizo un razonamiento dándole a entender cómo éramos cristianos y adorábamos un solo Dios, el cual era criador de todas las cosas criadas, y que no éramos como ellos que andaban errados adorando en piedras y bultos hechos; y sobre este caso les dijo otras muchas cosas, y también les dijo como éramos criados y vasallos del Emperador de los cristianos gran rey de España, y se llamaba don Carlos Nuestro Señor, cuyo es el imperio de todas las Indias y otros muchos señoríos y reinos que hay en el mundo, y que por su mandato íbamos a aquella tierra, y que le íbamos a dar razón de lo que habíamos visto en ella; y estaban muy atentos y con mucha atención escuchando lo que el capitán les decía, y le dijeron que si íbamos a ver los amurianos, que en su lengua los llaman coniupuyara, que quiere decir grandes señoras, que mirásemos lo que hacíamos, que éramos pocos y ellas muchas, que nos matarían; que no estuviésemos en su tierra, que allí nos darían todo lo que hubiésemos menester. El capitán les dijo que no podía hacer otra cosa sino pasar de largo para dar razón a quien le enviaba que era su rey y Señor; y después que el capitán habló, y que parecía que los oyentes quedaban muy contentos, aquel principal señor preguntó que quién era aquél, y queriéndose mejor informar de lo que se le decía, por ver si el capitán discrepaba de lo dicho, el cual le respondió lo mismo que le había dado a entender y le dijo más que éramos hijos del Sol y que íbamos a aquel río, como ya le había dicho. Desto se espantaron mucho los indios y mostraron mucha alegría, teniéndonos por santos o personas celestiales, porque ellos adoran y tienen por su Dios al Sol, que ellos llaman Chise. Luego dijeron al capitán que ellos eran suyos y que le querían servir, y que mirase de qué tenía necesidad él y sus compañeros que él se lo daría muy de su voluntad. El capitán se lo agradeció mucho y mandó luego a dar muchas cosas, y a los demás principales, y quedaron tan contentos que dende en adelante ninguna cosa el capitán les pedía que luego no se la daban; y se levantaban todos en pie, y dijeron al capitán que se aposentase en el pueblo, que ellos se lo dejarían desembarazado, y que se querían ir a sus casas y que cada día vendrían a traernos de comer. El capitán les mandó que viniesen todos los señores a verle, porque quería darles lo que tenía. El señor dijo que otro día vendrían y así vinieron todos con muy grande abundancia de comida, y fueron bien recibidos y tratados por el capitán, y a todos juntos les tornó a hablar lo que primero había dicho al principal señor, y tomó posesión en nombre de su majestad en todos; y los señores eran veintiséis, y en señal de posesión mandó poner una cruz muy alta, con la cual los indios se holgaron, y dende en adelante cada día los indios venían a traernos de comer y hablar con el capitán, que desto se holgaban ellos mucho.

Visto por el capitán el buen aparejo y disposición de la tierra y la buena voluntad de los indios, mandó juntar a todos sus compañeros y les dijo que pues había allí buen aparejo y voluntad en los indios, que sería bien hacer un bergantín, y así se puso por obra; y hallose entre nosotros un entallador llamado Diego Mexía, el cual, aunque no era su oficio, dio orden cómo se había de hacer; y luego el capitán mandó repartir por todos los compañeros que cada uno trajese una cuaderna y dos estamenas, y a otros que trajesen la quilla, y a otros las rodas, y a otros que aserrasen tablas, de manera que todos tenían bien en que se ocupar, no sin poco trabajo de sus personas, porque como era invierno y la madera estaba muy lejos, cada cual tomaba su hacha y iba al monte y cortaba lo que le cabía y lo acarreaba a cuestas, y mientras unos acarreaban, otros les hacían espaldas porque los indios no les hiciesen mal, y desta manera en siete días se cortó toda la maderaje para el dicho bergantín; y acabada esta tarea, luego fue dada otra, que fue que mandó hacer carbón para hacer más clavos y otras cosas. Era cosa maravillosa de ver con cuánta alegría trabajaban nuestros compañeros y acarreaban el carbón, y así se proveyó todo lo demás necesario. No había hombre entre todos nosotros que fuese acostumbrado a semejantes oficios; pero, no obstante todas estas dificultades, Nuestro Señor daba a todos ingenio para lo que se había de hacer, pues que era para salvar las vidas, porque de allí saliéramos con el barco y canoas, dando como dimos después en gente de guerra, ni nos pudiéramos defender ni salir del río en salvamento, y así pareció claramente que Dios inspiró en el capitán para que en este pueblo que he dicho se hiciese el bergantín, porque adelante era imposible, y éste se falló muy a propósito, porque los indios no faltaron de siempre nos traer de comer muy abundantemente de la manera que el capitán se los pedía. Diose tanta prisa en esta obra del bergantín que en treinta y cinco días se labró y se echó al agua calafateado con algodón y betunado con pez, lo cual todos los indios traían porque el capitán se los pedía. No fue poca el alegría de nuestros compañeros por haber acabado aquello que tanto deseaban. Había tantos mosquitos en este pueblo que no nos podíamos valer de día ni de noche, sin que los unos a los otros no sabíamos qué hacernos, que con la buena posada no sentíamos el trabajo y con el deseo que teníamos de ver el fin de nuestra jornada. En este medio tiempo, estando en esta obra, vinieron cuatro indios a ver al capitán, los cuales llegaron, y eran de estatura que cada uno era más alto un palmo que el más alto cristiano, y eran muy blancos y tenían muy buenos cabellos que les llegaban a la cintura, muy enjoyados de oro y ropa; y traían mucha comida; y llegaron con tanta humildad que todos quedamos espantados de sus disposiciones y buena crianza; sacaron mucha comida y pusiéronla delante del capitán, y le dijeron como ellos eran vasallos de un señor muy grande, y que por su mandado venían a ver quién éramos o qué queríamos o dónde íbamos; y el capitán les recibió muy bien, y primero que los hablase, les mandó dar muchas joyas, que ellos tuvieron en mucho y se holgaron. El capitán les dijo todo lo que había dicho al señor Aparia, de lo cual los indios quedaron no poco espantados; y los indios dijeron al capitán que ellos se querían ir a dar respuesta a su señor, que les diese licencia. El capitán se las dio y que se fuesen en hora buena, y les dio muchas cosas que diesen a su principal señor y que le dijesen que el capitán le rogaba mucho le viniese a ver, porque se holgaría mucho con él; y ellos dijeron que así lo harían, y se fueron y nunca más supimos nuevas de dónde eran ni de qué tierra habían venido.

Posamos en este mismo asiento toda la Cuaresma, donde se confesaron todos los compañeros con dos religiosos que allí estábamos, y yo prediqué todos los domingos y fiestas el Mandato, la Pasión y Resurrección, lo mejor que Nuestro Redentor me quiso dar a entender con su gracia, y procuré de ayudar y esforzar lo que yo pude a la perseveración de su buen ánimo a todos aquellos hermanos y compañeros, acordándoles que eran cristianos y que servirían mucho a Dios y al Emperador en proseguir la empresa y comportar con paciencia los trabajos presentes y por venir hasta salir con este nuevo descubrimiento, demás de ser esto lo que a sus vidas y honras tocaba; así que en este propósito dije lo que me parecía cumpliendo con mi oficio, y también porque me iba la vida en el buen suceso de nuestra peregrinación. También prediqué el domingo de Quasimodo, y puedo testificar con verdad que, así el capitán como todos los demás compañeros tenían tanta clemencia y espíritu y santidad de devoción en Jesucristo y su sagrada fe, que bien mostró Nuestro Señor que era su voluntad de nos socorrer. El capitán me rogaba que predicase y todos entendiesen en sus devociones con mucho fervor, como personas que lo habían muy bien menester de pedir a Dios misericordia. Adobose también el barco pequeño, porque venía ya podrido, y así todo muy bien aderezado y puesto a punto, el capitán mandó que todos estuviesen aparejados y hiciesen matalotaje, porque con ayuda de Nuestro Señor quería partirse el lunes adelante. Una cosa nos aconteció en este pueblo no de poco espanto, y fue que el miércoles de Tiniebla y el Jueves Santo y viernes de la ... nos hicieron los indios ayunar por fuerza porque no nos trajeron de comer hasta el sábado víspera de Pascua, y el capitán les dijo que por qué no nos habían traído de comer, y ellos dijeron que porque no lo habían podido tomar; y así el sábado y domingo de Pascua, y domingo de Quasimodo, fue tanta la comida que trajeron, que la echábamos en el campo, y porque todo fuese como convenía, y con toda orden, fizo alférez a un hidalgo muy suficiente para el oficio llamado Alonso de Robles, el cual, después que llegamos a tierra de guerra, el capitán le mandaba saltar con algunos compañeros a recoger comida para todos y el capitán quedaba a guardar los bergantines, los cuales eran en este viaje todo nuestro bien y amparo después de Dios, porque los indios no deseaban otra cosa sino quitárnoslos.

Partimos del asiento y pueblo de Aparia con el nuevo bergantín, el cual fue de diecinueve joas, bastante para navegar por la mar, víspera del Evangelista San Marcos, a 24 de abril del año sobredicho, que vinimos por las poblaciones de aquel señorío de Aparia, las cuales duraron más de 80 leguas, sin fallar indio de guerra, antes el mismo Cacique vino a hablar y traer de comer al capitán y a nosotros, y holgamos en un pueblo suyo el sobredicho día de San Marcos, a donde el mismo señor vino a traernos muy largo de comer y el capitán lo recibió muy bien, y no se le hizo mal tratamiento porque el intento y deseo del capitán era, porque si posible fuese, quedase en aquella tierra y gente bárbara en buen respecto por haberla conocido y sin descontentamiento alguno, porque desto sería servido Dios Nuestro Señor y el rey Nuestro Señor, para que adelante, cuando a su majestad pluguiera con más facilidad nuestra sagrada república y fe cristiana y la bandera de Castilla se aumentase y la tierra se fallase más doméstica para pacificalla y ponella debajo de la obediencia de su Real Servicio, como conviniese, porque junto con hacerse esto con buen tiento y caridad, era asimismo para conservar lo necesario, el buen tratamiento que se hiciese a los indios para poder pasar adelante y que no se usase el remedio de las armas sino cuando no se pudiese excusar la defensión propia. En esta causa, aunque fallábamos los pueblos despoblados, viendo el buen tratamiento que se les hacía, en toda la sobredicha provincia nos proveyeron de mantenimientos. Desde a pocos días cesaron los indios y en esto conocimos que estábamos fuera del señorío y población de aquel gran señor Aparia; y temiendo el capitán lo que podía venir a causa del poco mantenimiento, mandó caminar los bergantines con más prisa de la acostumbrada.

Un día por la mañana, que habíamos partido de un pueblo, salieron a nosotros dos indios en una canoa y llegaron cerca del bergantín donde iba el capitán y entraron dentro, y el más viejo de ellos, pensando el capitán que sabía la tierra y que nos podía llevar el río abajo, mandó que se quedara dentro, y el otro envió a su casa, y comenzamos a seguir nuestro río abajo, el cual el indio no sabía ni había navegado a causa de lo cual el capitán mandó soltar y dar una canoa en que se volviese a su tierra. De allí en adelante pasamos más trabajo y más hambre y despoblados que de antes, porque el río venía de monte a monte y no hallábamos a donde dormir, ni menos se podía tomar ningún pescado, así que nos era necesario comer nuestro acostumbrado manjar, que era de yerbas y de cuando en cuando un poco de maíz tostado. Viniendo caminando con nuestro acostumbrado trabajo y mucha hambre, un día a mediodía llegamos a un asiento alto que pareció haber sido poblado y tener alguna disposición para buscar alguna comida o pescado, y fue aqueste día, día de San Juan Ante-portamlatinam, que era seis de mayo, y allí se siguió un caso que yo no le osaría escribir si no tuviera tantos testigos que a ello se hallaron presentes; y fue que un compañero ya nombrado, que es el que dio orden en el bergantín, tiró a una ave con una ballesta, que estaba en un árbol junto al río, y saltó la nuez de la caja y cayó en el río, y estando en ninguna confianza de cobrar la nuez, otro compañero, llamado Contreras, echó un anzuelo en el río con una vara y sacó un pescado de cinco palmos, y como era grande y el anzuelo pequeño, fue menester sacarlo con maña, y, abierto, dentro del buche se halló la nuez de la ballesta, y así se reparó que no fue después poco menester, porque, después de Dios, las ballestas nos dieron las vidas.

Cumplidos doce días de mayo llegamos a las provincias de Machiparo, que es muy gran señor y de mucha gente y confina con otro señor tan grande llamado Omaga, y son amigos que se juntan para dar guerra a otros señores que están la tierra adentro, que les vienen cada día a echar de sus casas. Este Machiparo está asentado sobre el mismo río en una loma, y tiene muchas y grandes poblaciones que juntan de pelea cincuenta mil hombres de edad de treinta años hasta setenta, porque los mozos no salen a la guerra ni en cuantas batallas nosotros con ellos tuvimos no les vimos, sino fueron viejos, y éstos muy dispuestos, y tienen bozos y no barbas.

Antes que llegásemos a este pueblo, con 2 leguas vimos estar blanqueando los pueblos, y no habíamos andado mucho cuando vimos venir por el río arriba muy gran cantidad de canoas, todas puestas a punto de guerra, lucidas, y con sus pabeses, que son de conchas de lagartos y de cueros de manatíes y de dantas, tan altos como un hombre, porque todos los cubren. Traían muy gran grita, tocando muchos atambores y trompetas de palo amenazándonos que nos habían de comer. Luego el capitán mandó que los dos bergantines se juntasen porque el uno al otro se favoreciese, y que todos tomasen sus armas y mirasen lo que tenían delante y viesen la necesidad que tenían de defender sus personas y pelear por salir a buen puerto, y que todos se encomendasen a Dios, que Él nos ayudaría en aquella necesidad grande en que estábamos; y en este medio tiempo los indios se venían acercando, hechos sus escuadrones, para nos tomar en medio, y así venían tan ordenadamente y con tanta soberbia, que parecía que ya nos tenían en las manos. Nuestros compañeros estaban todos con tanto ánimo, que les parecía que no bastaba para cada uno cuatro indios, y así llegaron los indios hasta que nos comenzaron a ofender. Luego el capitán mandó que aparejasen los arcabuces y ballestas. Aquí nos aconteció un desmán no pequeño para el tiempo en que estábamos, que fue que los arcabuceros hallaron húmeda la pólvora, a causa de lo cual no aprovecharon nada, y fue necesario que la falta de los arcabuces supliesen las ballestas; y, así, comenzaron nuestros ballesteros a hacer algún daño en los enemigos, porque estaban cerca y nosotros temerosos; y visto (por) los indios que tanto daño se les hacía, comenzaron a detenerse, no mostrando punto de cobardía, antes parecía que les crecía el ánimo, y siempre les venía mucha gente de socorro, y todas las veces que les venía nos comenzaban a acometer tan osadamente que parecía que querían tomar a manos los bergantines. Desta manera fuimos peleando fasta llegar al pueblo, donde había muy gran cantidad de gente, puesta sobre las barrancas en defensa de sus casas. Aquí tuvimos una batalla peligrosa, porque como había muchos indios por el agua y por la tierra y de todas partes nos daban cruda guerra; y así fue necesario, aunque con riesgo al parecer de todas nuestras personas, acometimos y tomamos el primer puesto a donde los indios no dejaban de saltar en tierra a nuestros compañeros, porque la defendían muy animosamente; y si no fuera por las ballestas, que aquí hicieron señalados tiros, por donde pareció ser bien providencia Divina lo de la nuez de la ballesta, no se ganara el puerto; así, con esta ayuda ya dicha cabordaron los bergantines en tierra y saltaron al agua la mitad de nuestros compañeros y dieron en los indios de tal manera que los hicieron huir, y la otra mitad quedó en los bergantines, defendiéndolos de la otra gente que andaba en el agua, que no dejaban, aunque estaba ganada la tierra, de pelear, y aunque se les hacía daño con las ballestas, no por eso dejaban de seguir su mal propósito. Ganado el principio de la población, el capitán mandó al Alférez que con veinticinco hombres corriesen la población y echasen los indios de ella y mirasen si había comida, porque pensaba de descansar en el sobre dicho pueblo cinco o seis días para nos reformar del trabajo pasado; y así fue el alférez y corrió media legua por el pueblo adelante, y esto no sin trabajo, porque aunque los indios se retraían, íbanse defendiendo como hombres que les pesaba salir de sus casas; y como los indios, cuando no salen con su intención al principio, siempre huyen hasta la segunda instancia a revolver en sí, iban, como digo, huyendo; y visto por el dicho Alférez la mucha población y gente, acordó de no pasar adelante, sino dar la vuelta y decir al capitán lo que pasaba, y así volvió sin que los indios le hiciesen mal, y llegado al principio de la población, halló que el capitán estaba aposentado en las casas y todavía le daban la guerra por el agua, y le dijo todo lo que pasaba y como había gran cantidad de comida, así de tortugas en corrales y albergues de agua y mucha carne y pescado y bizcocho, y esto en tal abundancia que había para comer un real de mil hombres un año; y visto por el capitán el buen puerto, acordó de recoger comida para descansar, como dicho tengo, y para esto mandó llamar a Cristóbal Maldonado y le dijo que tomase una docena de compañeros y fuese a coger toda la comida que pudiese; y así fue, y cuando llegó halló que los indios andaban por el pueblo sacando la comida que tenían. El dicho Cristóbal Maldonado trabajó de recoger la comida, y teniendo recogidas más de mil tortugas, revuelven los indios y de segunda vez venía ya mucha cantidad de gente y muy determinados de los matar y pasar adelante a dar a donde estábamos con el capitán; y visto por el dicho Cristóbal Maldonado la revuelta de los indios, llamó a sus compañeros y acometiolos y aquí se detuvieron mucho, porque los indios eran más de dos mil y los compañeros que estaban con Cristóbal Maldonado no eran más que diez, y tuvieron bien que hacer para se defender. Al cabo diose tan buena maña que se desbarataron, y vuelven a coger la comida, y desta segunda pelea venían ya dos compañeros heridos; y como la tierra era muy poblada y de cada día los indios se reformaban y rehacían, tornan a revolver sobre el dicho Cristóbal Maldonado tan denodadamente, que quisieron y pusieron por obra de tomar a manos a todos, y desta arremetida hirieron seis compañeros muy mal, unos pasados brazos y a otros piernas, y al dicho Cristóbal Maldonado pasaron un brazo y le dieron un varazo en el rostro. Aquí se vieron en muy gran aprieto y necesidad, porque los compañeros, como estaban heridos y muy cansados (roto) no podían ir atrás ni adelante, y así pensaron todos de ser muertos, y decían que no se volviesen a donde estaba su capitán, y el dicho Cristóbal Maldonado les dijo que no pensasen en tal cosa, porque él no pensaba de volver a donde estaba su capitán quedando los indios con victoria; y así recogió de los compañeros los que estaban para pelear, y se puso en defensa, y peleó tan animosamente que fue para que los indios no matasen a todos nuestros compañeros.

En este tiempo los indios habían venido por la parte arriba a dar por dos partes a donde estaba nuestro capitán, y como estábamos todos cansados del mucho pelear y descuidados, pensando que teníamos las espaldas seguras por andar Cristóbal Maldonado fuera, pareció que Nuestro Señor alumbró al capitán para que enviase al sobredicho, que a no le enviar, o no se hallar donde se halló, tengo por cierto que corríamos mucho riesgo de las vidas; y, como digo, nuestro capitán y todos estábamos descuidados y desarmados, de tal manera, que los indios tuvieron lugar de entrar en el pueblo a dar en nosotros sin que fuesen sentidos; y en este tiempo los vio un compañero nuestro llamado Cristóbal de Aguilar, el cual se puso delante, peleando muy animosamente, dando alarma la cual oyó nuestro capitán, el cual salió a ver lo que era, desarmado, con una espada en la mano, y vio que tenían los indios cercadas todas las casas donde estaban nuestros compañeros; y demás desto estaban en la plaza un escuadrón de más de quinientos indios. El capitán comenzó a dar voces, y así salieron nuestros compañeros tras el capitán y acometieron al escuadrón con tanto denuedo, que los desbarataron, haciendo daño en los indios, pero no dejaron de pelear y defender de manera que hirieron nueve compañeros de malas feridas, y al cabo de dos horas que andábamos peleando, los indios fueron vencidos y desbaratados y los nuestros muy cansados. En este encuentro se señalaron muchos de nuestros compañeros, que antes no habían visto para lo que eran y no los teníamos en tanto, porque todos mostraron bien la necesidad en que estábamos, porque hubo hombre que con una daga se metió en medio de los enemigos y peleó tan bien que todos nos espantamos, y salió con un muslo atravesado. Este se llama Blas de Medina.

Después de pasado esto, envió el capitán a saber qué era de Cristóbal Maldonado y cómo le iba, al cual toparon en el camino, que venía ya donde estaba el capitán, él y todos heridos; y un compañero que se llamaba Pedro de Ampudia, que se halló con él, dende a ocho días murió de las heridas: era natural de Ciudad Rodrigo.

II

Llegado el dicho Cristóbal Maldonado donde estaba el capitán, aquí mandó el capitán que los heridos se curasen, que eran dieciocho, y no había otra cura sino cierto ensalmo, y con ayuda de Nuestro Señor, dentro de quince días todos estaban sanos, excepto el que murió. Estando en esto vinieron a decir al capitán cómo los indios revolvían y que estaban junto a nosotros en un paso aguardando a se rehacer; y para que los echasen de allí mandó el capitán a un caballero llamado Cristóbal Enríquez que fuese allá con quince hombres el cual fue, y en llegando, a un arcabucero que llevaba le pasaron una pierna; de manera que perdimos un arcabucero, porque dende en adelante no nos pudimos aprovechar de él. Luego el dicho Cristóbal Enríquez envió a saber al capitán lo que pasaba y que le enviase más gente, porque los indios eran muchos y cada hora se reformaban; y el capitán envió luego a mandar al dicho Cristóbal Enríquez que, no mostrando que se retraía, se viniese poco a poco donde estaban, porque no estaban en tiempo de poner a riesgo la vida de un español ni convenía, ni tampoco él ni sus compañeros iban a conquistar la tierra ni su intención lo era, sino, pues Dios les había traído por este río abajo, descubrir la tierra para que en su tiempo y cuando la voluntad de Dios Nuestro Señor y de su majestad fuese, la enviase a conquistar. Y así, aquel día, después de recogida la gente, el capitán les habló refiriéndoles los trabajos pasados y esforzándolos para en los de porvenir, encargándoles que evitasen los acontecimientos de los indios por los peligros que se podían seguir; y se determinó de seguir todavía el río abajo, y comenzó a embarcar comida, y después de embarcada, mandó al capitán que los heridos se embarcasen, y los que no podían ir por su pie mandó que los envolviesen en unas mantas y los tomasen otros a cuestas, como que llevaban carga de maíz, porque no embarcasen cojeando y en verlo los indios cobraran tanto ánimo que no nos dejaran embarcar; y después desto hecho, estando los bergantines a punto y desarmados y los remos en las manos, bajó el capitán con mucha orden con los compañeros, y se embarcaron, y se hizo a lo largo del río, y no estaría un tiro de piedra cuando vienen más de cuatrocientos indios por el agua y por la tierra, y como los de la tierra no se podían aprovechar de nosotros, no servían sino de dar voces y gritos: y los de agua no dejaban de acometer, como hombres que estaban lastimados, con mucha furia; pero nuestros compañeros con las ballestas (y) arcabuces defendían tan bien los bergantines que hacían tener afuera aquella mala gente. Esto sería a puesta de Sol, y desta manera acometiéndonos de rato en rato, siguiéndonos toda la noche, que un momento no nos dejaban reparar, porque nos llevaban antecogidos. Así fuimos fasta que fue el día, que nos vimos en medio de muchas y muy grandes poblaciones, donde siempre salían indios de refresco y se quedaban los que iban cansados. A hora de mediodía, que ya nuestros compañeros no podían remar, íbamos todos muy quebrantados de la mala noche y guerra que los indios nos habían dado. El capitán, porque la gente tomase un poco de descanso y comiese, mandó que nos metiésemos en una isla poblada que estaba en medio del río, y, en comenzando a guisar de comer, allí vinieron mucha cantidad de canoas y acometiéronnos tres veces, de tal manera que nos pusieron en grande aprieto. Visto por los indios que por el agua no nos podían desbaratar, acordaron de nos acometer por la tierra y agua, porque, como había muchos indios, había para todo. El capitán, viendo lo que los indios ordenaban, acordó de no los esperar en tierra, y así se embarcó y se hizo a largo de río, porque allí se pensaba mejor defender y así comenzamos de caminar y no nos dejando de seguir y dar muchos combates los indios, porque destas poblaciones se habían ya juntado muchos indios y por tierra ya no tenía cuenta la gente que parecía. Andaban entre esta gente y canoas de guerra cuatro o cinco hechiceros todos encalados y las bocas llenas de ceniza, que echaban al aire, en las manos unos hisopos, con los cuales andaban echando agua por el río a manera de hechizos, y después que habían dado una vuelta a nuestros bergantines de la manera dicha, llamaban a la gente de guerra, y luego comenzaban a tocar sus cornetas y trompetas de palo y atambores y con muy gran grita nos acometían; pero, como dicho tengo, los arcabuces y ballestas, después de Dios eran nuestro amparo; y así nos llevaron desta manera fasta nos meter en una angostura en un brazo del río. Aquí nos pusieron en muy gran aprieto, y tanto, que no sé si quedara alguno de nosotros, porque nos tenían echada una celada en tierra, y desde allí nos abarcaban. Los del agua se determinaron de barrer con nosotros, y yendo ya muy determinados de lo hacer, estando ya muy juntos, venía adelante el capitán general señalándose muy como hombre, al cual un compañero de los nuestros llamado Celis, tuvo ojo en él y le tiró con un arcabuz y le dio por mitad de los pechos, que lo mató; y luego su gente desmayó y acudieron a ver a su Señor, y en este medio tiempo tuvimos lugar de salir a lo ancho del río; pero todavía nos siguieron dos días y dos noches sin nos dejar reposar, que tanto tardamos en salir de la población deste gran señor llamado Machiparo, que al parecer de todos duró más de 80 leguas, que era toda una lengua, estas todas pobladas, que no había de poblado a poblado un tiro de ballesta, y el que más lejos no estaría media legua, y hubo pueblo que duró 5 leguas sin restañar casa de casa que era cosa maravillosa de ver: como íbamos de pasada y huyendo no tuvimos lugar de saber qué es lo que había en la tierra adentro; pero, según la dis- posición y parecer de ella, debe ser la más poblada que se ha visto, y así nos lo decían los indios de la provincia de Aparia, que había un grandísimo señor la tierra adentro hacia el sur, que se llamaba Ica, y que éste tenía muy gran riqueza de oro y plata; y esta noticia traímos muy buena y cierta.

Desta manera y con este trabajo salimos de la provincia y gran señorío de Machiparo y llegamos a otro no menor, que era el comienzo de Oniguayal, y al principio y entrada de su tierra estaba un pueblo de manera de guarni- ción, no muy grande, en un alto sobre el río, a donde había mucha gente de guerra; y viendo el capitán que ni él ni sus compañeros no podían soportar el mucho trabajo, que no solamente era la guerra, más, juntamente con ella, era hambre, que los indios, aunque teníamos que comer no nos dejaban por la demasiada guerra que nos daban, acordó de tomar el dicho pueblo, y así mandó enderezar los bergantines hacia el puerto, y los indios, visto que les querían tomar el pueblo, acordaron de se poner en toda resistencia; y así fue que llegando junto al puerto, los indios comenzaron a despender de su almacén, de tal manera que nos hacían detener; y visto el capitán la defensión de los indios, mandó que a muy gran prisa jugasen las ballestas y arcabuces, y remasen para cabordar en tierra; y desta manera hicieron lugar y fueron parte para que los bergantines cabordasen a nuestros compañeros y saltasen en tierra y pelearon después en tierra de tal manera que hicieron huir a los indios, y así quedó el pueblo por nosotros con la comida que tenía. Este pueblo estaba fuerte, y por estar tal, dijo el capitán que quería reposar allí tres o cuatro días y hacer algún matalotaje para adelante, y así holgamos desta manera y con este propósito, aunque no sin falta de guerra, y tan peligrosa, que en un día a las diez horas allegó muy gran cantidad de canoas a tomar y desamarrar los bergantines que estaban en el puerto, y a no proveer el capitán de ballesteros que con brevedad saltasen dentro, creemos que no fuéramos parte a los defender; y así, con la ayuda de Nuestro Señor y con la buena maña y ventura de nuestros ballesteros, hízose algún daño en los indios, que tuvieron por bien de se hacer afuera y volver a sus casas: así quedamos descansando dándonos buena posada, comiendo a discreción, y estuvimos tres días en este pueblo. Había muchos caminos que entraban la tierra adentro muy reales, de causa de lo cual el capitán se temía y mandó que nos aparejásemos, porque no quería estar más allí, porque podría ser de la estada recibir daño.

Dicho esto por el capitán, todos comenzaron a se aderezar para se partir cuando les fuese mandado. Habíamos andado desde que salimos de Aparia a este dicho pueblo 340 leguas, en que las 200 fueron sin ningún poblado: fallamos en este pueblo muy gran cantidad de bizcocho muy bueno, que los indios hacen de maíz y de ayuca y mucha fruta de todos géneros.

Volviendo a la historia, digo que el domingo después de la Ascensión de Nuestro Señor salimos deste dicho pueblo y comenzamos a caminar y no hubimos andado obra de 2 leguas cuando vimos entrar por el río otro río muy poderoso y más grande a la diestra mano: tanto era de grande que a la entrada hacía tres islas, de causa de las cuales le pusimos el río de la Trinidad; y en estas juntas de uno y de otro había muchas y muy grandes poblaciones y muy linda tierra de Omagua, y por ser los pueblos tantos y tan grandes y haber tanta gente, no quiso el capitán tomar puerto, y así pasamos todo aquel día por poblado con alguna guerra, porque por el agua nos la daban tan cruda que nos hacían ir por medio del río; y muchas veces los indios se ponían a platicar con nosotros, y como no los entendíamos, no sabíamos lo que nos decían. A hora de vísperas allegamos a un pueblo que estaba sobre una barranca, y por nos parecer pequeño mandó el capitán que lo tomásemos, y porque también porque tenía en sí tan buena vista que parecía ser recreación de algún señor de la tierra de adentro; y así enderezamos a lo tomar y los indios se defendieron más de una hora, pero al cabo fueron vencidos y nosotros señoreados del pueblo, donde fallamos muy gran cantidad de comida, de la cual nos proveímos. En este pueblo estaba una casa de placer, dentro de la cual había mucha loza de diversas hechuras, así de tinajas como de cántaros muy grandes de más de veinticinco arrobas, y otras vasijas pequeñas como platos y escudillas y candeleros desta loza de la mejor que se ha visto en el mundo, porque la de Málaga no se iguala con ella, porque es toda vidriada y esmaltada de todas colores y tan vivas que espantan, y demás desto los dibujos y pinturas que en ellas hacen son tan compasados que naturalmente labran y dibujan todo como lo romano; y allí nos dijeron los indios que todo lo que en esta casa había de barro lo había en la tierra adentro de oro y de plata, y que ellos nos llevarían allá, que era cerca; y en esta casa se hallaron dos ídolos tejidos de pluma de diversa manera, que ponían espanto, y eran de estatura de gigante y tenían en los brazos metidos en los molledos unas ruedas a manera de arandelas, y los mismos tenían en las pantorrillas junto a las rodillas; tenían las orejas horadadas y muy grandes, a manera de los indios del Cuzco y mayores. Esta generación de gentes reside en la tierra adentro y es la que posee la riqueza ya dicha, y por memoria los tienen allí; y también se halló en este pueblo oro y plata; pero como nuestra intención no era sino de buscar de comer y procurar cómo salvásemos las vidas y diésemos noticia de tan grande cosa, no curábamos ni se nos daba nada por ninguna riqueza.

Deste pueblo salían muchos caminos y muy reales para la tierra adentro: el capitán quiso saber dónde iban, y para aquesto tomó consigo a Cristóbal Maldonado y al Alférez y a otros compañeros, y comenzó a entrar por ellos, y no había andado media legua cuando los caminos eran más reales y mayores; y visto el capitán esto, acordó de se volver, porque vido que no era cordura pasar adelante; y así volvió donde estaban los bergantines, y cuando llegó se ponía ya el Sol, y el capitán dijo a sus compañeros que convenía partir luego de allí porque no convenía en tierra tan poblada dormir noche, y que luego se embarcasen todos; y así fue que, metida la comida y todos dentro de los bergantines, comenzamos a caminar ya que era noche, y toda ella fuimos pasando muchos y muy grandes pueblos fasta que vino el día, que habíamos andado más de 20 leguas, que por huir dello poblado no hacían nuestros compañeros sino remar, y mientras más andábamos, más poblada y mejor hallábamos la tierra, y así íbamos siempre desviados de tierra por no dar lugar a que los indios saliesen a nosotros.

Fuimos caminando por esta tierra y señorío de Omagua más de 100 leguas, al cabo de las cuales allegamos a otra tierra de otro señor llamado Paguana, el cual tiene mucha gente y muy doméstica, porque llegamos al principio de su poblado a un pueblo que tendría más de 2 leguas de largo, a donde los indios nos esperaron en sus casas sin hacer mal ni daño, antes nos daban de lo que tenían. Deste pueblo iban muchos caminos la tierra adentro, porque el señor no reside sobre río, y dijéronnos los indios que fuésemos allá, que se holgaría mucho con nosotros. En esta tierra este señor tiene muchas ovejas de las del Perú y es muy rico de plata, según todos los indios nos decían, y la tierra es muy alegre y vistosa y muy abundosa de todas comidas y frutas, como son piñas y peras, que en lengua de la Nueva España se llaman aguacates y ciruelas y guanas y otras muchas y muy buenas frutas.

Salimos desta población y fuimos caminando siempre por muy gran poblado, que hubo día que pasamos más de veinte pueblos; y esto por la banda donde nosotros íbamos, porque la otra no la podíamos ver por ser el río grande; y así, íbamos dos días por la banda diestra y después atravesábamos e íbamos otros dos días por la mano siniestra, que mientras veíamos lo uno no veíamos lo otro.

El lunes de Pascua de Espíritu Santo, por la mañana, pasamos a vista y junto a un pueblo muy grande y muy vicioso, y tenía muchos barrios, y en cada barrio un desembarcadero al río, y en cada desembarcadero había muy gran copia de indios, y este pueblo duraba más de 2 leguas y media, que siempre fue de la manera dicha; y por ser tantos los indios de aquel pueblo, mandó el capitán que nos pasásemos adelante sin les hacer mal y sin les acometer; pero ellos, visto que nos pasábamos sin les hacer mal, se embarcaron en sus canoas y nos acometieron, pero con su daño, que las ballestas y arcabuces los hicieron volver a sus casas y nos dejaron ir nuestro río abajo. Este mismo día tomamos un pueblo pequeño, donde fallamos comida, y aquí se nos acabó la provincia del ya dicho señor llamado Paguana, y entramos en otra provincia muy más belicosa y de mucha gente y que nos daba mucha guerra. Desta provincia no supimos cómo se llama el señor de ella; pero es una gente mediana de cuerpo muy bien tratada, y tiene sus paveses de palo y defienden sus personas muy como hombres.

Sábado víspera de la Santísima Trinidad, el capitán mandó tomar puerto en un pueblo donde los indios se pusieron en defensa; pero, a pesar de ello, los echamos de sus casas, y aquí nos proveímos de comida y aún se fallaron algunas gallinas. Este mismo día, saliendo de allí prosiguiendo nuestro viaje, vimos una boca de otro río grande a la mano siniestra, que entraba en el que nosotros navegábamos, el agua del cual era negra como tinta, y por esto le pusimos el nombre del Río Negro, el cual corría tanto y con tanta ferocidad que en más de 20 leguas hacía raya en la otra agua sin revolver la una con la otra. Este mismo día vimos otros pueblos no muy grandes. Otro día siguiente de la Trinidad holgó el capitán y todos en unas pesquerías de un pueblo que estaba en una loma, donde se falló mucho pescado, que fue socorro y gran recreación para nuestros españoles, porque había días que no habían tenido tal posada. Este pueblo estaba en una loma apartado del río, como en frontera de otras gentes que les daban guerra, porque estaba fortificado de una muralla de maderos gruesos, y al tiempo que nuestros compañeros subieron a este pueblo para tomar comida, los indios lo quisieron defender y se hicieron fuertes dentro de aquella cerca, la cual tenía no más que una puerta y comenzáronse a defender con muy gran ánimo; más como nos veíamos en necesidad, determinamos de acometerlos, y así, en esta deter- minación, se acometió por la dicha puerta, y entrando dentro sin ningún riesgo, dieron en los indios y pelearon con ellos hasta los desbaratar, y luego recogieron comida que había en cantidad.

El lunes adelante partimos de allí, pasando siempre por muy grandes poblaciones y provincias proveyéndonos de comida lo mejor que podíamos cuando nos faltaba. Este día tomamos puerto en un pueblo mediano, donde la gente nos esperó. En este pueblo estaba una plaza muy grande, y en medio de la plaza estaba un tablón grande de diez pies en cuadro, figurada y labrada de relieve una ciudad murada con su cerca y con una puerta. En esta puerta estaban dos torres muy altas de cabo con sus ventanas, y cada torre tenía una puerta frontera la una de la otra, y en cada puerta estaban dos columnas y toda esta obra ya dicha estaba cargada sobre dos leones muy feroces que miraban hacia atrás, como recatados el uno del otro, los cuales tenían en los brazos y uñas toda la obra, en medio de la cual había una plaza redonda: en medio desta plaza estaba un agujero por donde ofrecían y echaban chicha para el Sol, que es el vino que ellos beben, y el Sol es quien ellos adoran y tienen por su dios. En fin, el edificio era cosa mucho de ver, y el capitán, y todos nosotros espantados de tan gran cosa, preguntó a un indio que aquí se tomó, qué era aquello o por qué memoria tenían aquello en la plaza, y el indio dijo que ellos eran sujetos y tributarios a las amazonas, y que no las servían de otra cosa sino de plumas de papagayos y de guacamayos para forros de los techos de las casas de sus adoratorios, y que los pueblos que ellos tenían eran de aquella manera, y que por memoria lo tenían allí, y que adoraban en ello como en cosa que era insignia de su señora, que es la que manda toda la tierra de las dichas mujeres. Hallose también en esta misma plaza una casa no muy pequeña, dentro de la cual había muchas vestiduras de plumas de diversos colores, las cuales vestían los indios para celebrar sus fiestas y bailar cuando se querían regocijar delante deste tablón ya dicho, y allí ofrecían sus sacrificios con su dañada intención.

Salimos luego deste pueblo y dimos luego en otro muy grande que tenía el mismo tablón y divisa que es dicha: este pueblo se defendió mucho, y por espacio de más de una hora no nos dejaron saltar en tierra; pero al cabo hubimos de saltar, y como los indios eran muchos y cada hora crecían, no se querían rendir; pero visto el daño que se les hacía, acordaron de huir, y entonces tuvimos lugar aunque no mucho, para buscar alguna comida, porque ya los indios se revolvían sobre nosotros; pero nuestro capitán no quiso que aguardásemos, pues que no podíamos ganar nada en la mercaduría, y así mandó que nos embarcásemos y nos fuésemos, y así fue.

Partidos de aquí pasamos por otros muchos pueblos donde los indios nos atendían de guerra, como gente belicosa con sus armas y paveses en las manos, dándonos grita, diciendo que por qué huíamos, que allí nos estaban aguardando; pero el capitán no quería acometer donde vía que no podíamos ganar honra, especial llevando alguna comida, y cuando ésta había, en cualquier parte aventuraba su persona y las de los compañeros; y así, en algunas partes, ellos desde tierra y nosotros desde el agua, nos dábamos guerra; pero como los indios eran muchos, hacían pared y nuestros arcabuces y ballestas les hacían daño y así pasábamos adelante, dejándoles la información ya dicha.

Miércoles víspera de Corpus Cristi, siete días de junio el capitán mandó tomar puerto en una población pequeña que estaba sobre el dicho río, y así se tomó sin resistencia, donde hallamos mucha comida, en especial pescado, que desto se halló tanto y en abundancia que pudiéramos cargar bien nuestros bergantines, y éste tenían los indios a secar para llevar dentro a la tierra a vender; y viendo todos los compañeros que el pueblo era pequeño, rogaron al capitán que holgase allí, pues era víspera de tan gran fiesta. El capitán, como hombre que sabía las cosas de los indios, dijo que no hablasen en tal cosa porque no lo pensaba hacer, que aunque el pueblo les parecía pequeño, tenía gran comarca de donde le podían venir a favorecer y hacer daño en nosotros, sino que nos fuésemos como solíamos hacer y irnos a dormir a las montañas; y nuestros compañeros se lo tornaron a pedir por merced que holgase allí. El capitán, visto que todos lo pedían, aunque contra su voluntad, concedió en lo que pedían, y así estuvimos en este pueblo holgando hasta la hora que el Sol se ponía, que los indios venían a ver sus casas, porque cuando saltamos no había mujeres, porque los indios eran idos a entender en sus granjerías; y así, siendo hora, volvíanse, y como hallaron sus casas en poder de quien no conocían, quedaron muy espantados y comenzaron a decir que nos saliésemos de ellas; y juntamente con decir esto acuerdan y ponen por obra de nos acometer, y así lo hicieron; pero al tiempo que ellos entraban por el real, halláronse delante de los indios cuatro o cinco compañeros los cuales pelearon tan bien que fueron parte para que los indios no se atreviesen a entrar donde estaba nuestra gente, y así los hicieron huir, y cuando el capitán salió no había qué hacer. Esto era ya de noche, y sospechando el capitán lo que podía ser, mandó que las velas se doblasen y todos durmiesen armados, y así se hizo; pero a media noche, a hora que la Luna salía, revuelven los indios en muy gran cantidad sobre nosotros y dan por tres partes a nuestro real: cuando fueron sentidos tenían heridas las velas y andaban entre nosotros, y como dieron alarma salió el capitán dando voces diciendo: «Vergüenza, vergüenza caballeros, que son nadie; a ellos»; y así nuestros compañeros se levantaron y con muy gran furia acometieron a aquella gente, que, aunque era de noche, fueron

37

desbaratados porque no podían sufrir a nuestros compañeros y así huyeron. El capitán, pensando que habían de revolver, mandó echarles una celada por donde habían de venir, y los demás que no durmiesen, y mandó que los heridos se curasen, y yo los curé, porque el capitán andaba de una parte a otra dando orden a lo que convenía para salvación de nuestras vidas, que en esto siempre se desvelaba; y a no ser tan sabio en las cosas de la guerra, que parecía que Nuestro Señor le administraba en lo que debía de hacer, muchas veces nos mataran: y desta manera estuvimos toda la noche, y venido el día mandó el capitán que nos embarcásemos y nos fuésemos y mandó que ciertas piezas que allí se habían tomado, que se ahorcasen, y así fue; y esto porque los indios de adelante nos cobrasen temor y no nos acometiesen. Nosotros embarcamos, y hechos a lo largo del río llegaban al pueblo muchos indios a dar en nosotros, y también por el agua venían muchas canoas; pero ya, como íbamos a lo largo, no tuvieron lugar de poner por obra su mala intención.

Este día nos metimos en un monte y holgamos el siguiente, y otro día proseguimos nuestro viaje, y no habíamos andado 4 leguas, cuando vimos por la mano diestra entrar un muy grande y poderoso río, tanto era mayor que el que nosotros llevábamos, y por ser tan grande le pusimos el Río Grande; y pasamos adelante, y a la mano siniestra vimos estar unas poblaciones muy grandes sobre una loma que llegaba al río y por las ver mandó el capitán que enderezásemos hacia allá, y fuimos; y visto por los indios que íbamos hacia allá, acordaron, según pareció, de no se mostrar, sino estarse en celada, pensando que saltaríamos en tierra, y para esto tenían limpios los caminos que bajaban el río. El capitán y algunos compañeros conocieron la ruindad que tenían armada y mandó que nos fuésemos de largo; y los indios, visto que nos pasábamos de largo, levántanse más de cinco indios con sus armas y empiezan a darnos grita y a desafiarnos y a dar con las armas unas en otras, y con esto hacían tan gran ruido que parecía hundirse el río. Pasamos adelante y, obra de media legua, dimos en otro mayor pueblo; pero aquí nos hicimos a largo del río. Es esta tierra templada y de muy buena disposición: no supimos su trato, porque no nos dieron lugar a ello; y aquí se acabó esta generación, y dimos en otra que nos fatigó poco. Pasamos adelante y siempre por poblado, y una mañana a hora de las ocho vimos sobre un alto una hermosa población, que al parecer debía ser cabeza de algún gran señor, y por la ver quisiéramos, aunque con riesgo llegar allá; pero no fue posible porque tenía una isla delante, y cuando quisimos entrar habíamos dejado la entrada arriba: y desta causa pasamos a vista de ella mirándola. En este pueblo había siete picotas (que) nosotros vimos que estaban en trechos por el pueblo y en las picotas, clavadas, muchas cabezas de muertos, a cuya causa le pusimos a esta provincia por nombre la Provincia de las Picotas, que duraba por el río abajo 70 leguas. Bajaban deste pueblo al río caminos hechos a manos, y de una parte y de otra sembrados árboles de fruta, por donde parecía ser gran señor el desta tierra.

Pasamos adelante y otro día dimos en otro pueblo del mismo arte, y como tuviésemos necesidad de comida, fuenos forzado acometerle, y los indios se escondieron porque saltásemos en tierra, y así saltaron nuestros compañeros, y visto los indios que ya estaban en tierra, salen de su celada con muy gran furia. Venía adelante el capitán o señor de ellos animándolos con muy gran grita. Un ballestero de los nuestros tuvo ojo en este señor y tirole y matole; y visto los indios aquello, acordaron de no esperar sino huir, y otros hacerse fuertes dentro de sus casas, y de ellas se defendían y pelaban como perros dañados. Visto el capitán que no se querían rendir y que no nos habían hecho daño y heridos algunos de nuestros compañeros, mandó poner fuego a las casas donde estaban los indios, y así salieron de ellas y huyeron y hubo lugar de recoger comida, que en este pueblo, loado Nuestro Señor, no faltó, porque había muchas tortugas de las ya dichas y muchos pavos y papagayos y muy gran abundancia, pues pan y maíz, de esto no se escribe; y salimos de aquí y luego nos fuimos a una isla a descansar y gozar de lo que habíamos tomado. Tomose en este pueblo una india de mucha razón, y dijo que cerca de aquí y la tierra adentro estaban muchos cristianos como nosotros y los tenía un señor que los había traído el río abajo; y nos dijo cómo entre ellos había dos mujeres blancas, y que otros tenían indias y hijos en ellas: éstos son los que se perdieron de Diego de Ordás, a lo que se cree, por las señas que daban, que era a la banda del Norte.

Caminamos nuestro río abajo sin tomar pueblo, porque llevábamos de comer, y al cabo de algunos días salimos desta provincia, a la salida de la cual estaba una muy gran población, por donde la india nos dijo dónde habíamos de ir a donde estaban los cristianos; pero como nosotros no éramos parte, acordamos de pasar adelante, que para los sacar de donde estaban su tiempo vendrá.

Deste pueblo salieron dos indios de una canoa y llegaron al bergantín donde venía nuestro capitán, sin armas, y llegaron a reconocer y estuvieron mirando; y por mucho que nuestro capitán los llamó que entrasen dentro y les daba muchas cosas, nunca quisieron, antes, señalando la tierra adentro, se volvieron.

Dormimos esta noche fronteros de este pueblo, dentro en nuestros bergantines, y venido el día y comenzando a caminar, sale del pueblo mucha gente y embárcanse y vienen a nos acometer al medio río, por donde nosotros íbamos. Estos indios tienen ya flechas, y con ellas pelean. Tomamos nuestro camino sin los esperar; fuimos caminando tomando comida donde veíamos que no la podían defender y al cabo de cuatro o cinco días fuimos a tomar un pueblo donde los indios no se defendieron. Aquí se halló mucho maíz (y asimismo se halló mucha avena), de lo que los indios hacen pan, y muy buen vino a manera de cerveza, y ésta hay en mucha abundancia. Hallose en este pueblo una bodega deste vino, que no se holgaron poco nuestros compañeros, y hallose muy buena ropa de algodón. Hallose también en este pueblo un adoratorio, dentro del cual había muchas divisas de armas para la guerra colgadas, y sobre todas, en lo alto, estaban dos mitras muy bien a lo naturalmente fechas, como las de los obispos: eran tejidas y no sabemos de qué, porque ello no era algodón ni lana y tenían muchos colores.

Pasamos adelante deste pueblo y fuimos a dormir a la otra banda del río, como era nuestra costumbre, al monte, y allí vinieron muchos indios a darnos guerra por el agua; pero a mal de su grado dieron vuelta. Martes a 22 de junio vimos mucha población de la banda siniestra del río, porque estaban blanqueando las casas, que íbamos por medio del río: quisimos ir allá, pero no pudimos por causa de la mucha corriente y olas más trabajosas y más en la mar andaban.

Miércoles siguiente tomamos un pueblo que estaba en medio de un arroyo pequeño en un muy gran llano de más de 4 leguas. Tenía este pueblo su asiento todo en una calle, y una plaza en medio, las casas de una parte y otra, y hallamos mucha comida; y este pueblo, por estar de la manera ya dicha, le llamamos el pueblo de la Calle.

Jueves siguiente pasamos por otros pueblos medianos y no curamos de parar allí. Todos estos pueblos son estancias de pescadores de la tierra adentro. Desta manera íbamos caminando buscando un apacible asiento para festejar y regocijar la fiesta del bienaventurado San Juan Bautista, precursor de Cristo, y quiso Dios que en doblando una punta que el río hacía, vimos en la costa adelante muchos y muy grandes pueblos que estaban blanqueando. Aquí dimos de golpe en la buena tierra y señorío de las amazonas. Estos pueblos ya dichos estaban avisados y sabían de nuestra ida, de cuya causa nos salieron a recibir al camino por el agua, no con buena intención, y como llegaron cerca del capitán, quisiera traerlos de paz y así los comenzó a hablar y llamar; pero ellos se rieron y hacían burla de nosotros y se nos acercaban y decían que anduviésemos y que allí abajo nos aguardaban, y que allí nos habían de tomar a todos y llevar a las amazonas. El capitán, enojado de la soberbia de los indios, mandó que les tirasen con las ballestas y arcabuces, porque pensasen y supiesen que teníamos con qué les ofender; y así se les hizo daño y dan la vuelta hacia el pueblo a dar la nueva de lo que habían visto: nosotros no dejamos de caminar y acercar a los pueblos, y antes que allegásemos con más de media legua había por la lengua del agua a trechos muchos escuadrones de indios, y como nosotros íbamos andando, ellos se iban juntando y acercando a sus poblaciones. Estaba en medio deste pueblo muy gran copia de gente, hecho un buen escuadrón, y el capitán mandó que fuesen los bergantines a cabordar donde estaba aquella gente para buscar comida, y así fue que, en comenzándonos a llegar a tierra, los indios comienzan a defender su pueblo y nos flechar, y como la gente era mucha, parecía que llovían flechas; pero nuestros arcabuceros y ballesteros no estaban ociosos, porque no hacían sino tirar, y aunque mataban muchos, no los sentían, porque con todo el daño que se les hacía andaban unos peleando y otros bailando: y aquí estuvimos en muy poco de nos perder todos, porque como había tantas flechas, nuestros compañeros tenían harto que hacer en se amparar de ellas sin poder remar, de causa de lo cual nos hicieron (tanto) daño, que antes que saltásemos en tierra nos hirieron a cinco, de los cuales, yo fui el uno que me dieron con una flecha por una ijada que me llegó a lo hueco, y si no fuera por los hábitos allí me quedara. Visto el peligro en que estábamos, comienza el capitán a animar y a dar prisa a los de los remos que cabordasen, y así, aunque con trabajo, llegamos a cabordar, y nuestros compañeros se echaron al agua, que les daba a los pechos aquí fue una muy gran y peligrosa batalla, porque los indios andaban mezclados con nuestros españoles, que se defendían tan animosamente que era cosa maravillosa de ver. Andúvose en esta pelea más de una hora, que los indios no perdían ánimo, antes parecía que se les doblaba, aunque veían muchos de los suyos muertos, y pasaban por encima de ellos y no hacían sino retraerse y tornar a revolver. Quiero que sepan cuál fue la causa por qué estos indios se defendían de tal manera. Han de saber que ellos son sujetos y tributarios a las amazonas, y sabida nuestra venida, vánles a pedir socorro y vinieron hasta diez o doce, que éstas vimos nosotros, que andaban peleando delante de todos los indios como capitanas, y peleaban ellas tan animosamente que los indios no osaron volver las espaldas, y al que las volvía delante de nosotros le mataban a palos, y ésta es la causa por donde los indios se defendían tanto. Estas mujeres son muy blancas y altas, y tienen muy largo el cabello y entrenzado y revuelto a la cabeza; y son muy membrudas y andan desnudas en cueros, tapadas sus vergüenzas con sus arcos y flechas en las manos, haciendo tanta guerra como diez indios; y en verdad que hubo mujer de éstas que metió un palmo de flecha por uno de los bergantines, y otras que menos, que parecían nuestros bergantines puerco espín.

Tornando a nuestro propósito y pelea, fue Nuestro Señor servido de dar fuerza y ánimo a nuestros compañeros, que mataron siete u ocho, que estas vimos de las amazonas, a causa de lo cual los indios desmayaron y fueron vencidos y desbaratados con harto daño de sus personas; y porque venían de otros pueblos mucha gente de socorro y se habían de revolver, porque ya se tornaban (a) apellidar, mandó el capitán que a muy gran prisa se embarcase la gente, porque no quería poner arrisco la vida de todos, y así se embarcaron no sin zozobra porque ya los indios empezaban a pelear, y más que por el agua venía mucha flota de canoas, y así nos hicimos a largo del río y dejamos la tierra.

Tenemos andadas de donde salimos y dejamos a Gonzalo Pizarro 1.400 leguas, antes de más que de menos, y no sabemos lo que falta aquí a la mar. En este pueblo ya dicho se tomó un indio trompeta que andaba entre la gente, que era de edad de hasta treinta años, el cual, en tomándole, comenzó a decir al capitán muchas cosas de la tierra adentro y le llevó consigo.

Hechos como dicho tengo, a largo del río, nos dejamos ir al garete sin remar, porque nuestros compañeros estaban tan cansados que no tenían fuerzas para tener los remos; y yendo por el río, que habíamos andado fasta un tiro de ballesta, descubrimos un pueblo no pequeño en el cual no parecía gente, de cuya causa todos los compañeros pidieron al capitán que fuese allá que tomaríamos alguna comida, pues en el pasado pueblo no nos la habían dejado tomar. El capitán les dijo que no quería, que aunque a ellos les parecía que no había gente, de allí nos habíamos más de guardar que más que donde claramente la veíamos y así nos tornamos a juntar, y yo juntamente con todos los compañeros se lo pedimos de merced, y aunque éramos pasados del pueblo, el capitán, concediendo su voluntad, mandó volver los bergantines al pueblo, y como íbamos costeando la tierra, los indios en celada escondidos entre sus arboledas repartidos por sus escuadrones y estando por nos tomar en celada, y así, yendo junto a tierra, tuvieron lugar de nos acometer, y así comenzaron a flechar tan bravamente que los unos a los otros no nos veíamos; mas como nuestros españoles iban apercibidos desde Machiparo de buenos paveses, como ya hemos dicho, no nos hicieron tanto daño cuanto nos hicieran si no viniéramos apercibidos de la tal defensa; y de todos en este pueblo no hirieron sino a mí, que me dieron un flechazo por un ojo que pasó la flecha a la otra parte, de la cual herida he perdido el ojo, y no estoy sin fatiga y falta de dolor, puesto que Nuestro Señor, sin yo merecerlo me ha querido otorgar la vida para que me enmiende y le sirva mejor que fasta aquí; y en este medio tiempo habían ya saltado en tierra los españoles que venían en el barco pequeño; y como los indios eran tantos, teníanlos cercados, que si no fuera porque el capitán los socorrió con el bergantín grande, se perdían y se los llevaban los indios; y así lo hicieran todavía antes que llegase el capitán, si no se dieran tan buena maña en pelear con tanto ánimo; pero ya estaban cansados y puestos en muy gran aprieto. El capitán los recogió, y como me vido herido mandó embarcar la gente; y así se embarcaron, porque la gente era mucha y estaba muy encarnizada, que la podían sufrir nuestros compañeros, y el capitán temía perder alguno de ellos y no los quería poner en tal aventura porque bien sabía y traslucía la necesidad que había de tener de ayuda, según la tierra era poblada, y convenía conservar la vida de todos, porque no distaban un pueblo de otro distancia de media legua, y menos en toda aquella banda del río de la mano diestra, que es de la banda del sur; y más digo que la tierra adentro, a 2 leguas, y más, y a menos, parecían muy grandes ciudades que estaban blanqueando, y demás de esto la tierra es tan buena, tan fértil y tan al natural como la de nuestra España, porque nosotros entramos en ella por San Juan y ya comenzaban los indios a quemar los campos. Es tierra templada, a donde se cogerá mucho trigo y se darán todos frutales: demás desto es aparejada para criar todo ganado, porque en ella hay muchas yerbas como en nuestra España, como es orégano y cardos de unos pintados y a rayas y otras muchas yerbas muy buenas; los montes desta tierra son encinales y alcornocales que llevan bellotas, porque nosotros las vimos, y robledales; la tierra es alta y hace lomas, todas de sabanas; la hierba no es más alta de fasta la rodilla, y hay mucha caza de todos géneros.

Volviendo a nuestro camino, el capitán mandó que nos saliésemos a medio río por huir de lo poblado, que era tanto que ponía grima. Llamamos a esta provincia la provincia de San Juan, porque en su día habíamos entrado en ella, y yo había predicado por la mañana viniendo por el río, por alabanza de tan glorioso precursor de Cristo, y tengo por averiguado que por su intercesión me otorgó Dios la vida.

Salimos a medio río; los indios por el agua fueron en nuestro seguimiento, porque el capitán mandó atravesar hacia una isla que estaba despoblada, y fasta ser noche no nos dejaron los indios; y así nosotros llegamos a la isla a más de diez horas de la noche, a donde el capitán mandó que no saltásemos en tierra, porque podría ser los indios dar sobre nosotros; y así, pasamos la noche en nuestros bergantines, y venida la mañana, el capitán mandó que caminásemos con mucha orden fasta salir de esta provincia de San Juan, que tiene más de 150 leguas de costa, pobladas de la manera dicha. Y otro día, 25 de junio, pasamos por entre unas islas que pensamos que estuvieran despobladas; pero después que nos hallamos en medio de ellas, fueron tantas las poblaciones que en las dichas islas parecían y vimos, que nos pesó; y como nos vieran, salieron a nosotros al río sobre doscientas piraguas, que cada una trae veinte y treinta indios, y de ellas cuarenta, y destas hubo muchas: venían muy lucidas con diversas divisas y traían muchas trompetas y atambores, y órganos que tañen en la boca, y arrabeles que tienen a tres cuerdas; y venían con tanto estruendo y grita y con tanta orden, que estábamos espantados. Cercáronnos entre ambos bergantines y acometiéronnos como hombres que nos pensaban llevar; más salioles al revés, que nuestros arcabuceros y ballesteros les pusieron tales, como eran muchos, que se holgaron de tenerse afuera; pues en tierra era cosa maravillosa de ver los escuadrones que estaban en los pueblos, tañendo y bailando todos con unas palmas en las manos, mostrando muy gran alegría en ver que nos pasábamos de sus pueblos. Estas islas son altas, aunque no mucho, y de tierra rasa, muy fértiles al parecer, y tan alegres de vista, que aunque nosotros íbamos trabajados, no dejábamos de nos alegrar. Esta isla, que es la mayor, la fuimos costeando: terná en largo 6 leguas, que está en el medio río; el ancho no lo sabremos decir; y siempre los indios nos fueron siguiendo hasta nos echar desta provincia de San Juan, que, como digo, tiene 150 leguas, todas las cuales pasamos con mucho trabajo de hambre, dejando aparte la guerra, porque, como era muy poblada, no hubo lugar de saltar en tierra. Toda esta isla fueron siempre las dichas piraguas y canoas en nuestro seguimiento acometiéndonos cuando se les antojaba; pero como gustaban la fruta de nuestros tiros, íbannos acompañando a trechos. Al cabo desta isla estaba mucho más poblado, de donde salieron de refresco muchas más piraguas a nos acometer: aquí el capitán, viéndose en tan gran aprieto y deseando la paz con esta gente, por ver si pudiéramos tomar algún rato de descanso, acordó de hablar y requerir a los indios con la paz, y para traerlos a ella mandó echar en una calabaza cierto rescate y arrojarlo al agua, y los indios lo tomaron, pero tuviéronlo en tan poco, que hacían burla de ello; pero por eso no nos dejaron de seguir hasta nos echar de sus pueblos, que, como dicho habemos, eran muchos.

Esta noche llegamos a dormir, ya fuera de todo lo poblado, a un robledal que estaba en un llano junto al río, donde no nos faltaron temerosas sospechas, porque vinieron indios a nos espiar, y la tierra adentro había mucho poblado y caminos que entraban a ella, de cuya causa el capitán y todos estábamos en vela aguardando lo que nos podía venir.

En este asiento el capitán tomó al indio que se había tomado arriba, porque ya le entendía por un vocabulario que había fecho y le preguntó que de dónde era natural: el indio dijo que de aquel pueblo donde le habían tomado; el capitán le dijo que cómo se llamaba el señor desa tierra, y el indio le respondió que se llamaba Couynco, y que era muy gran señor y que señoreaba hasta donde estábamos, que como dicho tengo, había 150 leguas. El capitán le preguntó qué mujeres eran aquellas (que) habían venido a les ayudar y darnos guerra: el indio dijo que eran unas mujeres que residían la tierra adentro siete jornadas de la costa, y por ser este señor Couynco sujeto a ellas, habían venido a guardar la costa. El capitán le preguntó si estas mujeres eran casadas: el indio dijo que no. El capitán le preguntó que de qué manera viven: el indio respondió que, como dicho tiene, estaban la tierra adentro, y que él había estado muchas veces allá y había visto su trato y vivienda, que como su vasallo iba a llevar el tributo cuando el señor lo enviaba. El capitán preguntó si estas mujeres eran muchas: el indio dijo que sí, y que él sabía por nombre setenta pueblos, y contolos delante de los que allí estábamos, y que en algunos había estado. El capitán le dijo que si estos pueblos eran de paja: el indio dijo que no, sino de piedra y con sus puertas, y que de un pueblo a otro iban caminos cercados de una parte y de otra y a trechos por ellos puestos guardas porque no pueda entrar nadie sin que pague derechos. El capitán le preguntó si estas mujeres parían: el indio dijo que sí. El capitán le dijo que cómo no siendo casadas, ni residía hombre entre ellas, se empreñaban: él dijo que estas indias participan con indios en tiempos y cuando les viene aquella gana juntan mucha copia de gente de guerra y van a dar guerra a un muy gran señor que reside y tiene su tierra junto a la destas mujeres y por fuerza los traen a sus tierras y tienen consigo aquel tiempo que se les antoja, y después que se hayan preñadas les tornan a enviar a su tierra sin les hacer otro mal; y después, cuando viene el tiempo que han de parir, que si paren hijo le matan y le envían a sus padres, y si hija, la crían con muy gran solemnidad y la imponen en las cosas de la guerra. Dijo más, que entre todas estas mujeres hay una señora que sujeta y tiene todas las demás debajo de su mano y jurisdicción, la cual señora se llama

Coñori. Dijo que hay muy grandísima riqueza de oro y plata y que todas las señoras principales y de manera no es otro su servicio sino oro y plata, y las demás mujeres plebeyas se sirven en vasijas de palo, excepto lo que llega al fuego, que es barro. Dijo que en la cabecera y principal ciudad en donde reside la señora hay cinco casas muy grandes que son adoratorios y casas dedicadas al Sol, las cuales ellas llaman caranaín y en estas casas por de dentro están del suelo hasta medio estado en alto planchadas de gruesos techos aforrados de pinturas de diversos colores, y que en estas casas tienen muchos ídolos de oro y de plata en figura de mujeres, y mucha cantería de oro y de plata para el servicio del Sol; y andan vestidas de ropa de lana muy fina, porque en esta tierra hay muchas ovejas de las del Perú: su traje es unas mantas ceñidas desde los pechos hasta abajo, encima echadas y otras como manto abrochadas por delante con muchos cordones; traen el caballo tendido en su tierra y puestas en la cabeza unas coronas de oro tan anchas como dos dedos y aquellos sus colores. Dijo más: que en esta tierra, según entendimos, hay camellos que los cargan, y dice que hay otros animales, los cuales no supimos entender, que son del tamaño de un caballo y que tienen el pelo de un geme y la pata hendida y que los tienen atados, y que destos hay pocos. Dice que hay en esta tierra dos lagunas de agua salada, de que ellas hacen sal. Dice que tienen una orden que, en poniéndose el Sol, no ha de quedar indio macho en todas estas ciudades que no salga afuera y se valla a sus tierras: más dice, que muchas provincias de indios a ellas comarcanas los tienen ellas sujetos y los hacen tributar y que les sirvan, y otras hay con quien tienen guerra, y especial con la que ya dijimos, y los traen para tener que hacer con ellos: éstos dicen que son muy grandes de cuerpo y blancos y mucha gente, y que todo lo que aquí ha dicho ha visto por muchas veces, como hombre que iba y venía cada día; y todo lo que este indio dijo y más nos habían dicho a nosotros a 6 leguas de Quito, porque de estas mujeres había allí muy gran noticia, y por las ver vienen muchos indios el río abajo 1.400 leguas; y así nos decían arriba los indios que el que hubiese de bajar a la tierra de estas mujeres había de ir muchacho y volver viejo. La tierra dice que es fría y que hay muy poca leña, y muy abundosa de todas comidas; también dice otras muchas cosas, y que cada día va descubriendo más porque es un indio de mucha razón y muy entendido y así lo son todos los demás (de aquella) tierra, según lo habemos dicho.

Otro día de mañana salimos deste asiento del robledal no poco alegres, pensando que ya dejábamos atrás todo lo poblado y que teníamos lugar para descansar de los trabajos pasados y presentes: y así comenzamos nuestro acostumbrado camino; pero no habíamos andado mucho, cuando a la mano siniestra vimos muy grandes provincias y poblaciones, y éstas estaban en la más alegre y vistosa tierra que en todo el río vimos y descubrimos, porque era tierra alta de lomas y valles muy poblados, de las cuales dichas provincias salió a nosotros a medio río muy gran copia de piraguas a nos ofender y dar guerra. Estas gentes son tan grandes y mayores que muy grandes hombres y andan trasquilados, y salieron todos tiznados de negro, a cuya causa la llamamos la Provincia de los Negros. Salieron muy lucidos y acometiéronnos muchas veces pero no nos hicieron daño, y ellos no fueron sin él. No tomamos ninguno de los dichos pueblos por no darnos lugar el capitán por la demasiada gente que había. El capitán preguntó al indio ya dicho cuya era aquella tierra y que quién la sujetaba, y dijo que aquella tierra y poblaciones que se parecían con otras muchas que no veíamos, eran de un señor muy grande que había nombre Arripuna, el cual señoreaba mucha tierra; que el río arriba y de traviesa tenía ochenta jornadas que había fasta una laguna que estaba a la parte del norte, la cual está muy poblada, y que la señorea otro señor que se llama Tinamostón; pero dice que éste es muy gran guerrero y que comen carne humana, la cual no comen en toda la demás tierra que hasta aquí hemos andado. Este sobredicho señor no es de la laguna, sino es de otra. Es el que tiene en sí y en su tierra los cristianos de que arriba tuvimos noticia, porque este dicho indio los había visto; y dice que posee y tiene muy gran riqueza de plata y con ella se sirven en toda la tierra, pero que oro no lo alcanzan; y en verdad que la misma tierra da crédito a todo lo que se dice, según la vista y parecer tiene.

Fuimos caminando por el río, y al cabo de dos días dimos en un pueblo pequeño donde los indios se nos defendieron, pero desbaratámosles y tomámosles la comida y pasamos adelante, y otro que estaba junto a él mayor: aquí se defendieron y pelearon los indios por espacio de media hora, también y con tanto ánimo, que antes que tuviésemos lugar de saltar en tierra, mataron dentro en el bergantín grande un compañero que se llamaba Antonio de Carranza, natural de Burgos. En este pueblo alcanzaban los indios alguna hierba ponzoñosa, porque en la herida del dicho se conoció, porque al cabo de veinticuatro horas dio el ánima a Dios.

Tornando a nuestro propósito, diré que se tomó el pueblo y recogimos todo el maíz que cupo en los bergantines, porque, como vimos la hierba, propusímonos de no saltar en tierra ni en poblado si no fuese con demasiada necesidad, y así fuimos con más aviso de que hasta allí habíamos traído.

Caminamos con mucha prisa, desviándonos de poblado, y un día en la tarde fuimos a dormir en un robledal que estaba a la boca de un río que entraba por la diestra mano en el de nuestra navegación, que tenía una legua de ancho. El capitán mandó atravesar para dormir a donde dicho tengo, porque parecía junto a la costa de dicho río no haber poblado y podíamos dormir sin haber zozobra, aunque la tierra de dentro parecía muy poblada: desto no nos temíamos, y paramos en el dicho robledal, y aquí mandó el capitán poner a los bergantines unas barandas a manera de fosados para defensa de las flechas, y no nos valieron poco. No había poco que estábamos en este dicho asiento, cuando viene mucha cantidad de canoas y piraguas a se nos poner a vista, sin nos hacer otro mal, y desta manera no hacían sino ir y venir. Estuvimos en este asiento día y medio, y pensábamos de estar más. Aquí se avisó de una cosa no de poco espanto y adivinación a los que la vimos, y fue que a hora de vísperas se puso sobre un árbol, debajo del cual estábamos aposentados, un pájaro del cual nunca oímos más del canto, que a muy gran prisa hacía, y distintamente decía huí, y esto dijo tres veces dándose muy gran prisa. También sé decir que este mismo pájaro o otro oímos en nuestra compañía desde el primer pueblo donde hicimos los clavos, y era tan cierto, que notando que estábamos cerca de poblado, al cuarto del alba nos lo decía de esta manera: huí, y esto muchas veces: quiere decir que era tan cierta esta ave en su canto que lo teníamos ya por tan cierto como que lo viéramos; y así era que cuando se oían nuestros compañeros se alegraban, y en especial si había falta de comida, y se aparejaban a ir todos a punto de guerra. Aquí nos dejó esta ave, que nunca la oímos más.

III

Luego mandó el capitán que nos partiésemos de este asiento porque le parecía que había mucha gente, y que a la noche, según parecía, tenían ordenado de dar en nosotros: fue noche que mandó el capitán que pasásemos atados a las ramas porque no se halló lugar para dormir en tierra, y esto fue permisión divina, que si hallaron que saltar en tierra pocos de nosotros quedaran o ninguno que pudiera dar nueva del viaje, según pareció; y es que estando como dicho tengo los indios vienen en nuestro seguimiento por tierra y agua, y así nos andaban buscando con muy grande estruendo y así allegaron los indios a nosotros y estuvieron hablando que los oíamos y veíamos, y no permitió Nuestro Señor que nos acometiesen, porque a nos acometer no quedara ninguno de nosotros; y así tenemos por cierto que Nuestro Señor los cegó para que no nos viesen; y desta manera estuvimos fasta que vino el día, que el capitán mandó que comenzásemos a caminar. Aquí conocimos que estábamos no muy lejos de la mar, porque llegaba la repunta de la marea, de lo que no nos alegramos poco en saber que ya no podíamos dejar de llegar a la mar.

En comenzando a caminar, como dicho tengo, dende a un rato descubrimos un brazo de un río no muy grande, por el cual vimos salir dos escuadrones de piraguas y muy gran grita y alarido, y cada uno de estos escuadrones se fue a los bergantines, y comenzaron a nos ofender y pelear como perros encarnizados; y si no fuera por las baranderas que se habían hecho atrás, saliéramos de esta escaramuza bien diezmados; pero con esta defensa y con el daño que nuestros ballesteros y arcabuceros les hacían fuimos parte, con el ayuda de Nuestro Señor, para nos defender; pero al cabo no salimos sin daño, porque nos mataron otro compañero llamado García de Soria, natural de Logroño; y en verdad que no le entró la flecha medio dedo; pero como traía ponzoña no duró veinticuatro horas, y dio el ánima a Nuestro Señor. Fuimos peleando desta manera desde que amaneció fasta que serían más de las diez, que no nos dejaron un momento holgar, antes cada hora había mucha más gente, tanto que el río andaba cuajado de piraguas, y esto porque estábamos en tierra muy poblada y de un señor que se llamaba Nurandaluguaburabara. Sobre la barranca había muy gran copia de gente, que estaba mirando la guazabara, así que como nos fuesen siguiendo íbannos poniendo en mucho aprieto, tanto que estaban ya cerca de los bergantines. Aquí se hicieron dos tiros muy señalados con los arcabuces, que fueron parte para que aquella gente diablada nos dejase; y el uno hizo el Alférez, que mató de un tiro dos indios, y de temor deste trueno cayeron muchos al agua, de los cuales no escapó ninguno, porque todos se mataron desde los bergantines: el otro hizo un vizcaíno llamado Perucho. Esta fue una cosa muy de ver, de cuya causa los indios nos dejaron y se volvieron sin socorrer a los que andaban por el agua: ninguno de éstos, como dicho tengo se escapó.

Acabado esto, el capitán mandó atravesásemos a la banda siniestra del río por huir de lo poblado que parecía, y así se hizo: fuimos caminando por la dicha parte algunas leguas por tierra mucho buena, excepto que a la lengua del agua no había poblado, que todo parecía la tierra adentro; no supimos qué era la causa. Así fuimos costeando: vimos lo poblado en parte donde no nos podíamos aprovechar dello y más se parecía unas fortalezas sobre unos cerros y lomas peladas, que estarían del río 2 o 3 leguas; no supimos qué señor señoreaba esta tierra más de que el indio nos dijo que en aquellas fortalezas se hacían fuertes cuando les daban guerra; pero no supimos quién era el que se las daba.

Yendo caminando, mandó el capitán que saltásemos en tierra por tomar alguna recreación y ver la disposición de aquella tierra que tanto a nuestras vistas agradaba; y así paramos días en este dicho asiento de donde el capitán mandó que se fuesen a ver la tierra dentro de una legua por ver y saber qué tierra era; y así fueron, y no caminaron una legua cuando los que iban dan la vuelta, dicen al capitán cómo la tierra iba siempre mejorando porque era todo sabanas y los montes como dicho habemos, y parecía mucho más rastro de gente que venía por allá a caza y que no era cosa de pasar adelante: y así de la vuelta el capitán se holgó.

Aquí comenzamos a dejar la buena tierra y sabanas y tierra alta, y comenzamos a entrar en tierra baja de muchas islas, aunque pobladas no tanto como las de arriba. Aquí dejó el capitán la tierra firme y se metió en las islas, por las cuales fue caminando, tomando de comer a donde veíamos que sin daño se podía hacer; y por ser las islas muchas y muy grandes, nunca pudimos tornar a tomar la tierra firme de una ni de la otra parte fasta la mar, en que iríamos por entre las islas 200 leguas, todas las cuales, y aún ciento más sube la marea con mucha furia, en que por todas son 300 de marea y 1.500 sin ella; de manera que se montan las leguas que hemos andado por este río, desde donde salimos hasta la mar, 1.800 leguas, antes más que menos.

Yendo caminando por nuestro acostumbrado camino, como salíamos muy faltos y con harta necesidad de comida, fuimos a tomar un pueblo, el cual estaba metido en un estero; hora de pleamar mandó el capitán enderezar allá el bergantín grande; acertó a tomar el puerto bien y saltaron los compañeros en tierra; el pequeño, no vido un palo que estaba cubierto con el agua, y dio tal golpe que una tabla se hizo pedazos, tanto que el barco se anegó. Aquí nos vimos en muy grandísimo aprieto, tanto que en todo el río no le tuvimos mayor, y pensamos todos perecer, porque de todas partes nos golpeaba la fortuna; porque como nuestros compañeros saltaron en tierra, dieron en los indios y los hicieron huir, y creyendo que estaban seguros comienzan a recoger comidas. Los indios como eran muchos revuelven sobre nuestros compañeros y danles tal mano que los hacen volver donde estaban los bergantines, los indios en su seguimiento; pues en los bergantines poca seguridad tenían, porque el grande estaba en seco, que había bajado la marea, y el pequeño anegado, como he dicho; y así estábamos en esta necesidad sin tener remedio sino de solo Dios y el de nuestras manos, que era el que nos había de valer y sacar de la necesidad en que estábamos; y luego el capitán ordenó de poner y dar luego remedio como no recibiésemos daño, y fue de manera que mandó dividir la gente, que fue que la mitad de todos los compañeros peleasen con los indios y los otros varasen el bergantín pequeño y se adobase; y mandó luego que el grande se pusiese en alto de manera que nadase, y quedó dentro el capitán con solamente los dos religiosos que veníamos en su compañía y otro compañero a guardar el dicho bergantín, y para defensa de los indios por la parte del río: así estábamos todos, no sin tener poco en que entender, de manera que teníamos guerra por tierra y fortuna por agua; plugo a Nuestro Señor Jesucristo ayudarnos y favorecernos como siempre a fecho en todo este viaje, y que nos ha traído como gente perdida, sin saber dónde estábamos ni dónde íbamos, ni qué había de ser de nosotros. Aquí se conoció muy particular y generalmente que usó nuestro Dios de su misericordia, pues sin entender ninguno cómo hizo la merced divina y con su inmensa bondad y providencia divina se remedió y se socorrió, de manera que el bergantín se adobó y se echó una tabla; y a este mismo tiempo huyó la gente de guerra, y en tres horas que se tardó la dicha obra no dejaron de pelear. ¡Oh inmenso y soberano Dios, cuántas veces nos vimos en trances de agonía tan cercanos a la muerte, que sin tu misericordia era imposible alcanzar fuerzas ni consejo de los vivos para quedar con las vidas! De este pueblo sacamos alguna comida, y vino tan justo el día con la necesidad, que la noche cerrada y nosotros acabados de embarcar todo fue uno. Esta noche dormimos en el mismo río en los bergantines. El día siguiente tomamos puerto en un monte. Aquí pusimos por obra de aderezar el bergantín pequeño de manera que pudiese navegar, que tardamos en la dicha obra dieciocho días, y de nuevo se tornaron a hacer aquí clavos, donde de nuevo nuestros compañeros no trabajaron poco; pero había muy gran falta de comida: comíamos el maíz por granos contados. Asimismo estando en esta necesidad, mostró Nuestro Señor el particular cuidado que tenía de nosotros pecadores, pues quiso proveer en esta necesidad como todo lo demás que tengo dicho; y fue así, que un día sobre tarde apareció que venía por el río una danta muerta, tamaña como una mula, y visto por el capitán, mandó a ciertos compañeros que se la trajesen y tomasen una canoa para traerla, y la trajeron y se repartió por todos los compañeros; de manera que a cada uno le cupo de comer para cinco o seis días, que no fue poco sino mucho remedio para todos. Esta danta venía recién muerta, porque estaba caliente y no traía ninguna herida.

Acabado de adobar el bergantín y clavos, para adobar el grande partimos de este asiento y fuimos caminando y buscando aparejos o playa para los sacar y adobar lo necesario. Día de San Salvador, que es la transfiguración de Nuestro Redentor Jesucristo, hallamos la dicha playa que buscábamos, a donde se adobaron de todo entrambos bergantines y se les hizo sus jarcias de yerbas y cabos para la mar, y velas de las mantas en que dormíamos, y se les pusieron sus mástiles: tardose de hacer la dicha obra catorce días de continua y ordinaria penitencia por la mucha hambre y poca comida que había, que no se comía sino lo que se mariscaba a la lengua del agua, que eran unos caracolejos y unos cangrejos bermejuelos del tamaño de ranas;

y éstos iban a tomar la mitad de los compañeros y la otra mitad quedaban trabajando: desta manera y con este trabajo concluimos la dicha obra, que no fue pequeña alegría para nuestros compañeros, los que tenían echado aparte tan gran trabajo.

Salimos de este asiento a ocho días del mes de agosto, bien o mal proveídos según nuestra poca posibilidad, porque muchas cosas nos faltaban de que teníamos necesidad; pero como estábamos en parte que no lo podíamos haber, pasábamos nuestro trabajo como mejor podíamos. De aquí fuimos a la vela guardando la marea, dando bordos a un cabo y a otro, que bien la había según por donde el río era andado, aunque íbamos entre islas, pues no estábamos en poco peligro cuando aguardábamos la marea; pero como no teníamos rejones, estábamos amarrados a unas piedras. Echábamos por portalles y teníamonos tan mal que nos acontecía muchas veces garrar y volver el río arriba en una hora más que habíamos andado en todo el día. Quiso nuestro Dios, no mirando a nuestros pecados, de nos sacar de estos peligros y hacernos tantas mercedes que no permitió que nos muriésemos de hambre ni padeciésemos naufragio, del cual estábamos muy cerca muchas veces hallándonos en seco, ya todos en el agua, pidiendo a Dios misericordia; y según las veces que tocaron y se dieron golpes puédese creer que Dios, con su poder absoluto, nos quiso librar porque nos enmendásemos o para otro misterio que su Divina Majestad guardado (tenía) que así los hombres no alcanzamos. Fuimos caminando continuamente por poblado, donde nos proveíamos de alguna comida, aunque poca, porque los indios la tenían alzada; pero hallábamos algunas raíces que llamaban inanes, que a no las hallar, todos pereciéramos de hambre: así salimos muy faltos de bastimentos. En todos estos pueblos nos esperaban los indios sin armas, porque es gente muy doméstica, y nos daban señas cómo habían visto cristianos. Estos indios están a la boca del río por donde salimos, donde tomamos agua, cada uno un cántaro, y unos a medio almuz de maíz tostado, y otros menos y otros con raíces, y de esta manera nos pusimos a punto de navegar por la mar por donde la aventura nos guiase y echase, porque nosotros no teníamos piloto ni aguja, ni carta ninguna de navegar, ni sabíamos por qué parte o a qué cabo habíamos de echar. Por todas estas cosas suplió nuestro maestro y redentor Jesucristo, al cual teníamos por verdadero piloto y guía, confiando en su Sacratísima Majestad que Él nos acarreara y llevara a tierra de cristianos. Toda la gente que hay en este río que hemos pasado, como hemos dicho, es gente de mucha razón y hombres ingeniosos, según que vimos y parecían por todas las obras que hacen, así de bulto como dibujos y pinturas de todas las colores, muy vivísimas, que es cosa maravillosa de ver.

Salimos de la boca de este río por entre dos islas, que había de la una a la otra 4 leguas por medio río, y todo él junto, según arriba le vimos, tendrá de punta a punta sobre 50 leguas: mete en la mar el agua dulce más de 25 leguas; crece y mengua seis o siete brazos. Salimos, como dije, a 26 días del mes de agosto, día de San Luis; e hízonos tan buen tiempo, que nunca por río ni por la mar tuvimos aguaceros, que no fue poco milagro que Nuestro Señor Dios obró con nosotros. Comenzamos a caminar con entrambos bergantines, unas veces a vista de tierra y otras veces que la veíamos, mas no que supiésemos dónde, y el mismo día de la Degollación de San Juan en la noche se apartó el un bergantín de otro, que nunca más nos pudimos ver, que pensamos que se hubiesen perdido, y al cabo de nueve días que navegábamos metiéronnos nuestros pecados en el golfo de Paria, pensando que aquél era nuestro camino, y como nos hallamos dentro, quisimos tornar a salir a la mar: fue la salida tan dificultosa que tardamos en ella siete días, todos los cuales nunca dejaron los remos de las manos nuestros compañeros, y en todos estos siete días no comimos sino fruta a manera de ciruelas, que se llaman hogos; así que con mucho trabajo salimos por las bocas del Dragón, que tales se pueden llamar para nosotros, porque por poco nos quedáramos dentro. Salimos desta cárcel; fuimos caminando dos días por la costa adelante, al cabo de los cuales, sin saber dónde estábamos, ni dónde íbamos, ni qué había de ser de nosotros, aportamos a la isla de Cubagua y ciudad de la Nueva Cádiz, donde hallamos nuestra compañía y pequeño bergantín, que había dos días que había llegado, porque ellos llegaron a nueve días de septiembre y nosotros llegamos a once del dicho mes con el bergantín grande, donde venía nuestro capitán: tanta fue el alegría que los unos con los otros recibimos, que no sabré decir, porque ellos nos tenían a nosotros por perdidos y nosotros a ellos.

De una cosa estoy informado y certificado: que así a ellos como a nosotros nos ha hecho Dios grandes mercedes y muy señaladas en nos traer en este tiempo, que en otro los maderos que andan por la costa no nos dejaran navegar, porque es la más peligrosa costa que se ha visto. Fuimos también recibidos de los vecinos desta ciudad como si fuéramos sus hijos, porque nos abrigaron y diéronnos lo que habíamos menester.

Desta isla acordó el capitán de ir a dar cuenta a su Majestad deste nuevo y gran descubrimiento y deste río, el cual tenemos que es Marañón, porque hay desde la boca hasta la isla de Cubagua 450 leguas por la altura, porque así lo hemos visto después que llegamos. En toda la costa, aunque hay muchos ríos, son pequeños.

Yo, fray Gaspar de Carvajal, el menor de los religiosos de la Orden de nuestro religioso Padre Santo Domingo, he querido tomar este poco trabajo y suceso de nuestro camino y navegación, así para decirla y notificar la verdad en todo ello, como para quitar ocasiones a muchos que quieran contar esta nuestra peregrinación o al revés de como lo hemos pasado y visto; y es verdad en todo (lo) que yo he escrito y contado, y porque la prodigalidad engendra fastidio, así, superficial y sumariamente, he relatado lo que ha pasado por el capitán Francisco de Orellana y por los hidalgos de su compañía y compañeros que salimos con él del real de Gonzalo Pizarro, hermano de don Francisco Pizarro, marqués y gobernador del Perú. Sea Dios Loado. Amén.

Jornada de Omagua y Dorado
Pedrarias de Almesto

I

Relación verdadera de todo lo que sucedió en la Jornada de Omagua y Dorado que el gobernador Pedro de Orsúa fue a descubrir por poderes y comisiones que le dio el visorey marqués de Cañete, desde el Perú, por un río que llaman de Amazonas, que por otro nombre se dice el río Marañón, el cual tiene su nacimiento en el Perú, y entra en el mar cerca del Brasil. Trátase asimismo del alzamiento de don Fernando de Guzmán y Lope de Aguirre, y de las crueldades de estos perversos tiranos

Fue el gobernador Pedro de Orsúa, de nación navarro; era caballero, y Señor de la Casa de Orsúa hombre de gran habilidad y experiencia en los descubrimientos y entradas de indios. Descubrió y pobló en el Nuevo Reino de Granada la ciudad de Pamplona; anduvo en la conquista de los Musços y los pobló; y anduvo por capitán en la jornada de Tairona y en otras partes del dicho Nuevo Reino. Y en el Nombre de Dios y Panamá, le encargó el marqués de Cañete la guerra contra los negros cimarrones, que hacían gran daño en aquella tierra; la cual hizo con tan buena maña y solicitud, que destruyó, prendió y mató muchos de los indios negros, y a los demás dejó tan escarmentados y medrosos, que por muchos días no osaron hacer más daño; y acabada esta guerra, pasó al Perú en fin del año de 1558 años; y habiendo entendido el dicho marqués de Cañete su valor y habilidad, le encargó la jornada del Dorado, con otras muchas provincias y tierras comarcanas, de que se tenía gran noticia en los reinos del Perú, así por las grandes cosas que dijo haber visto el capitán Orellana y los que con él vinieron desde el Perú por este río del Marañón abajo, donde decían que estaban las dichas provincias, como por lo que dijeron ciertos indios brasiles, que desde su tierra subieron por este Río arriba, descubriendo y conquistando, hasta que llegaron al Perú, al tiempo que estaba en él el presidente Gasca.

Dieron por relación estos indios brasiles que salieron de sus tierras, que son en la costa del Brasil, más de diez o doce mil dellos, en muchas canoas, con sus mujeres y hijos, y con ellos dos españoles portugueses, y el uno decían que se llamaba Mateo, a buscar mejor tierra que la suya; y según lo que yo más creo, a hartar sus malditos vientres de carne humana, la cual todos ellos comen, y se pierden por ella. Tardaron en subir al Perú por este dicho Río más de diez años; y de los doce mil indios, solamente llegaron hasta trescientos, con algunas mujeres, y vinieron a dar a un pueblo que se dice Chachapoyas y así, se quedaron entre los españoles. Murieron en el dicho Río en guerras y guazavaras que con los naturales dél tuvieron estos indios. Decían tan grandes cosas del Río y de las provincias a él comarcanas, y especialmente de la provincia de Omagua, así de la gran muchedumbre de naturales, como de innumerables riquezas (que), pusieron deseo a muchas personas de las ver y descubrir. Pues destas Provincias y Río, el marqués de Cañete, visorey del Perú, hizo gobernador a Pedro de Ursúa, en nombre de su majestad, con muy bastantes poderes y provisiones, y cumplidísimos límites, y con grande ayuda de costa de la caja de su majestad.

Principio del año de 1559, publicó el gobernador Pedro de Orsúa sus provisiones por todo el Perú y otras partes, y luego se partió el mismo Pedro de Orsúa de la ciudad de Lima hasta veinticinco hombres, los más oficiales de hacer navíos, y con doce negros carpinteros y aserradores; y llevando asimismo muchas herramientas necesarias, clavazón y brea y otras que competen para nacer navíos; y con este aparejo fue a la provincia de los Motilones, que es en las montañas del Perú, a un río grande que por allí pasa, donde habían salido los indios brasiles que habemos dicho, y buscando el asiento más cómodo, fundó un astillero en la barranca deste río, 20 leguas abajo, en un pueblo de españoles que estaba poblado en la dicha provincia, llamado Santa Cruz de Capocovar, que había un año que le había poblado un capitán, Pedro Ramiro; y dejando a un capitán por su teniente en el armada, que era el dicho Pedro Ramiro, y a un maese, Juan Corso, por maese mayor, les mandó que hiciesen ciertas barcas y navíos, y él se tornó a la ciudad de Lima a hacer gente y buscar lo que le faltaba para el aviamiento de su jornada.

Esta provincia de los Motilones se llama así porque solo estos indios se han hallado trasquilados en todo el Perú. Esta tierra es muy fértil, en especial de maíz y algodón, y los indios andan vestidos de costales. Este río que por ella pasa es muy caudal y poderoso, sin comparación mayor que los ríos de España; nace en el Perú en la provincia de Guanuco; es caudal casi desde sus nacimientos, pero es innavegable por más de 300 leguas, porque pasa por tierra áspera y de grandes sierras y peñascos, de que se causan grandes saltos y velocísimas corrientes en esta provincia de los Motilones. Subieron por este río los indios brasiles, y desde aquí se fueron por tierra al pueblo de Chachapoyas, por donde tuvieron noticia íbanse a favorecer entre los españoles, viéndose ya los indios pocos.

Partido el gobernador Pedro de Orsúa de su astillero para la ciudad de Lima, para acabar de aderezar su jornada, por la poca posibilidad que tenía, en especial de dineros, y por lo mucho que le faltaba, se detuvo por allí casi año y medio, y estuvo en un punto de deshacerse la jornada, porque a esta sazón vino nueva de España que su majestad había nuevamente proveído por visorey del Perú a don Diego de Acebedo, con la cual nueva el marqués de Cañete no le hacía ni osaba hacer tantas mercedes y favores como al principio; y los Oidores y vecinos del Perú decían que no convenía que se hiciese junta de gente en tal tiempo; y estando en estos términos, vino otra nueva que don Diego de Acebedo se había muerto en Sevilla, viniendo del Perú, y con esto el marqués le tornó de nuevo a favorecer más que de antes, aunque no fue sin alguna sospecha de la gente del Perú, porque se dijo públicamente que el marqués de Cañete, teniendo recelo de la cuenta que le venían a tomar, y que también enojado y afrentado porque su majestad le removía el cargo, quería, en achaque de la jornada, juntar gente para se alzar con el Perú contra su majestad, y tener a Pedro de Orsúa, que era hechura suya, por su capitán y valedor, para que, acabada de juntar la gente, revolviese sobre el Perú; lo cual fue mentira e invención de hombres malos y deseosos de motines.

Todo este tiempo anduvo Pedro de Orsúa por el Perú sin volver a su astillero, buscando gente y dineros para se acabar de aviar; y entre algunas personas le prestaron unos a 1.000 y otros a 2.000 pesos, y otros más y menos, con algunas deudas y falta de cosas necesarias que le daban pena; y echando cada día gente por delante, y despachando negocios, a cabo de año y medio, o poco menos, vino a un pueblo que llaman Moyo Bamba, y había allí un clérigo, llamado Portillo, que era cura y vicario; el cual pueblo de

Moyo Bamba está cerca de su astillero. Este Clérigo estaba rico, y tratando y conversando con Pedro de Orsúa, según se entendió, le dijo que se hiciese de suerte que él fuese cura y vicario de la dicha jornada, y que él le prestaría 2.000 pesos, y el gobernador le prometió lo que pedía; y teniendo por cierto los 2.000 pesos, envió a comprar algunas cosas, y al tiempo de pagarlas el Clérigo se arrepintió de lo que había dicho primero a Pedro de Orsúa y no quiso dar los dineros; y visto por el gobernador, movido de extrema necesidad, buscó manera cómo se los sacase, y entre él y ciertos soldados suyos concertaron lo que diré. Estaba un don Juan de Vargas, soldado del dicho gobernador, a quien después hizo su teniente general, herido de una o dos cuchilladas y retraído en la iglesia de dicho pueblo, el cual, con don Fernando de Guzmán y con Juan Alonso de la Bandera y un Pero Alonso Casco, y otro Pedro de Miranda, mulato, por concierto hecho con el gobernador, el Pedro de Miranda, una noche muy oscura, a media noche, desnudo, en camisa, fue en casa del dicho Clérigo, y llamando a la puerta a muy gran prisa con grandes golpes, fingiendo alteración, le dijo que el don Juan de Vargas se estaba muriendo, que le rogaba por amor de Dios que le fuese a confesar; y el Clérigo le creyó y salió de su casa medio desnudo a mucha prisa, y llegando a la iglesia, que está fuera de la conversación de las casas del pueblo, los soldados arriba dichos, con arcabuces y las mechas encendidas, le tomaron en medio dentro de la iglesia y con temor que le matasen, le hicieron firmar un libramiento de 2.000 pesos, que ellos traían hecho, para un mercader en cuyo poder el Clérigo tenía los dineros, y así desnudo como estaba, sin le dejar volver a su casa ni hablar con nadie, lo hicieron subir en un caballo, y aquella noche, contra su voluntad, lo llevaron a los Motilones y allí le hicieron dar lo demás todo que le quedaba, que serían otros 3.000 pesos. Había, según fama, hurtado este Clérigo estos dineros a sí propio y a su comer y vestir, tratando mal y laceradamente su persona por los ahorrar; y así, permitió Dios se perdiesen los dineros, y el Clérigo murió en la jornada laceradamente, y todos los que hicieron la fuerza murieron a cuchillo, sin que ninguno saliese vivo de la jornada. Esto hecho, el gobernador y sus amigos echaron fama que el Clérigo había querido parecer forzado, sin serlo, porque no le tuviese a mal su Perlado haber dejado el cargo sin su licencia, y el pueblo sin sacerdote.

Partió el gobernador de Moyo Bamba para el pueblo de Santa Cruz, que es en los Motilones, y, llegado allá, mientras se aderezaba la partida, porque había mucha gente y en el dicho pueblo no se podían sustentar todos, determinó de enviar cuarenta o cincuenta hombres a comer, y a que se entretuviesen en unos pueblos de indios de los dichos Motilones, que llaman los Tabalocos, y con esta gente dos caudillos, el uno llamado Diego de Frías, criado del visorey del Perú, y muy su privado, a quien enviaba por tesorero de la jornada, y otro se decía Francisco Díaz de Arles, de la tierra, y muy grande amigo del gobernador; y mandó al capitán Pedro Ramiro, su teniente y Corregidor del dicho pueblo de Santa Cruz, que, como hombre práctico en la tierra y a quien los indios tenían temor y respeto, fuese con ellos, y dándoles la orden de lo que habían de hacer, los dejase en los dichos pueblos; y desto se corrieron mucho los dichos caudillos, de ser mandados por el Pedro Ramiro; y por envidias de que Pedro de Orsúa, su teniente, y así viendo esto, los dos dichos caudillos se volvieron solos, dejando al Pedro Ramiro con la gente en el camino; y encontraron dos soldados amigos suyos, el uno llamado Grixota, y el otro Fulano Martín, a los cuales dijeron que se volvían, entendiendo que el teniente iba alzado con la gente y que quería meterse la tierra adentro a poblar una provincia de que tenía noticia, y que harían servicio al rey y al gobernador en procurar prenderle; y que si ellos ayudaban, que volverían a procurar de prender al dicho Pedro Ramiro; los cuales dos soldados, inducidos por los dichos caudillos y dando crédito a lo que decían, se profirieron y prometieron de les ayudar; y dando vuelta todos cuatro para donde estaba dicho capitán con la gente, hallaron el aparejo conforme a su dañada voluntad, que el Pedro Ramiro estaba solo a la barranca de un río grande, y toda la gente de la otra parte, que habían pasado el río dos a dos y tres a tres, en una canoa pequeña, y el Pedro Ramiro se había quedado a la postre con solo un mozo, y estaba esperando que la canoa volviese para pasar a la otra banda con la gente; y a este tiempo llegaron los dichos todos cuatro un rato, y se sentaron todos en buena conversación, asegurándolo con palabras a la orilla del río, y desde a poco rato se abrazaron con él todos cuatro, y, sin dejarle menear, le tomaron las armas; y el Diego de Frías mandó a un negro suyo, que venía con ellos, que le diese garrote, y así le ahogaron y le cortaron la cabeza; y venida la canoa se pasaron a la otra banda y se pusieron en arma con la gente, haciéndoles entender que el gobernador Pedro de Orsúa se lo había mandado que matasen a Pedro Ramiro porque se quería alzar con la gente; y el gobernador fue luego avisado deste suceso por el mozo que dijimos que estaba con el dicho Pedro Ramiro, y también los dichos soldados enviaron un amigo suyo por mensajero al gobernador para que supiese lo que pasaba, y enviáronle a decir que tenían preso a Pedro Ramiro porque iba alzado con la gente; pero el gobernador, como ya sabía la verdad por el dicho mozo, sacó también al mensajero lo que había, y sabiendo dél que los dichos estaban puestos en armas, con gran brevedad se partió solo para donde estaban, y, aguardándolos, con mañas los prendió a todos cuatro, y de allí los llevó al pueblo de Santa Cruz, adonde, guardándoles todos sus términos, los sentenció a muerte, forzando harto su voluntad por guardar justicia, y sin les admitir apelación les hizo cortar las cabezas a todos cuatro. Fue éste un negocio con que el gobernador se acabó de acreditar con el visorey y los oidores y vecinos de todo el Perú, y, sabiendo este suceso en todo el Perú los que tenían sospecha todos que el gobernador se quería alzar, como se ha tratado, la perdieron y se aseguraron con esto. Hubo pronósticos de algunos que dijeron que la dicha jornada no acabaría con bien, pues empezaba con sangre.

Después deste suceso vinieron a los Motilones a se juntar con el gobernador Pedro de Orsúa cuarenta hombres, a los cuales un gobernador, Juan de Salinas, que pretendía hacer esta misma jornada, había dejado en cierta provincia, y que allí le aguardasen, que iba por más gente y socorro; y sabido por ellos que el gobernador Pedro de Orsúa hacía esta jornada, y no Juan de Salinas, le vinieron a buscar de muy lejos por este río de los Motilones arriba, hasta que toparon su astillero, y con ellos y con los vecinos del pueblo de Santa Cruz, que se despobló, todos se fueron a esta jornada. Juntó el gobernador Pedro de Orsúa trescientos hombres bien aderezados de todo lo necesario, con otros tantos caballos y algunos negros, y otro mucho servicio, y cien arcabuces y cuarenta ballestas y mucha munición de pólvora y plomo, salitre y azufre.

En este tiempo vino a los Motilones una doña Inés, moza y muy hermosa, la cual era amiga del gobernador, para se ir con él a la jornada, bien contra la opinión de los amigos del gobernador, que se lo estorbaban, y la trujo contra la voluntad de todos, de lo cual pesó a la mayor parte del campo; lo uno por el mal ejemplo; lo otro, porque de semejantes cosas siempre en las guerras donde van tantas diferencias de gentes, hay escándalos y alborotos, y sobre todo descuido en el buen gobierno del campo, que, cierto, fue causa principal de la muerte del gobernador y nuestra total destrucción.

En el entretanto que el gobernador Pedro de Orsúa anduvo por el Perú buscando gente y aderezando lo que le faltaba para el aviamiento de su jornada, la gente de la mar y oficiales que habemos dicho que dejó en el astillero hicieron once navíos grandes y pequeños, y entre ellos había un género de barcas muy anchas y planudas, que llaman chatas, que en cada una destas cabían a treinta y a cuarenta caballos y en las proas y popas mucho hato y gente. Todos estos navíos, por lo mucho que digo que el gobernador se detuvo, y por la ruin maña que se dieron los oficiales y los que allí quedaron, o que la tierra es muy lluviosa, se pudrieron de suerte que al echarlos al río se quebraron los más dellos, que solamente quedaron dos bergantines y tres chatas, y éstos tan mal acondicionados, que al tiempo que los comenzaban a cargar, se abrían y quebraban todos dentro del agua, de manera que no las osaron echar casi carga, y en una sola chata, la más recia, se pudieron llevar hasta veintisiete caballos, y todos los demás, que fueron muchos, se quedaron en una montaña perdidos.

Llegado el gobernador a su astillero, porque allí no había comida, y lo que se podía traer del pueblo de Santa Cruz y provincia de los Motilones era poco, porque con mucha gente estaba muy disipado, determinó, tres meses antes de su partida, de enviar un capitán suyo, llamado don Juan de Vargas, con cien hombres en un bergantín, y ciertas canoas y balsas a un río llamado Cocama, que se junta con este otro de los Motilones, el cual había descubierto el gobernador Juan de Salinas, y sabía que había en él mucha gente y comida, y le mandó que, subiendo por el río hasta la poblazón, trayendo la más comida y canoas que pudiese, le aguardase a la boca deste río, porque había noticia de gran despoblado, y para que estos cien hombres que se adelantaban pudiesen llevar comida, que no la tenían, envió delante del dicho don Juan los treinta dellos en balsas, y una canoa grande con un caudillo amigo y paniaguado suyo, llamado García de

Arce, a una provincia llamada los Caperuzos, porque los indios de aquella tierra traen en las cabezas una manera de bonetes, que estará 20 leguas del dicho astillero, a que en esta provincia buscase la comida, y con la que hallase acudiese al dicho don Juan; el cual dicho García de Arce, no hallando comida en aquella provincia, o como otros quieren decir, por no ir con el dicho capitán y hacer cabeza de su juego, sin esperar en la dicha provincia ni en la boca del río de Cocama, se echó el río abajo con los dichos treinta hombres, y pasaron más de 300 leguas de despoblado hasta llegar a una isla poblada, que de su nombre llamamos la Isla de García, de la cual y de su suceso diremos adelante.

Partió el dicho don Juan de Vargas con el restante de la gente, que fueron setenta hombres, principio de julio de 1560 años; y no hallando a García de Arce en los Caperuzos, pasó hasta llegar al dicho río de Cocama; y dejando alguna de la gente que llevaba en la boca del río en guarda del bergantín, y con ellos por su caudillo a un Gonzalo Duarte, tomando la gente más recia en algunas canoas que llevaba, subieron por el río arriba veintidós jornadas, y al cabo de las cuales toparon la poblazón y hallaron mucha comida, en especial maíz; y tomando muchas canoas que halló y algunos indios para servicio, cargando todas las canoas de maíz, se volvió a la boca del río donde había dejado muy fatigados de hambre a los que se habían quedado en el bergantín, y halló de los que se habían quedado, muertos tres hombres españoles y muchas piezas, y con su venida se remediaron todos; y allí esperó al gobernador, el cual quedó con el restante de la gente en los Motilones, y recogiéndola a los Motilones y de allí al astillero, y detúvose más de lo que pensó por causa de las barcas que se quebraron y hubiéronse de hacer gran cantidad de balsas y una canoa grande; y, con tres chatas que habían quedado y un bergantín, nos echamos en el río abajo, harto descontentos por dejar los caballos y mucha ropa y ganados, y otras cosas que por falta de barcos no se pudieron llevar, y con harto riesgo de nuestras vidas, porque el río es poderosísimo y los navíos que llevábamos eran quebrados y podridos, y también al tiempo de la partida hubo algunos motines, dejando aparte que se quisieron volver al Perú; y entendiéndolo el gobernador, prendió algunos, y con otro disimulo y sin que nadie se le huyese, se embarcó a los 26 de septiembre del año de 1560.

Embarcado el dicho gobernador con su gente el mismo día, se echó río abajo y comenzó a navegar, y, pasando un raudal grande en unos remansos que estaban un cuarto de legua de su astillero, pasó aquel día para embarcar los caballos, y otro día por la mañana se partió; y pasando otros caudales y remolinos este día, dejó atrás todas las sierras y cordilleras del Perú, y se empezó a meter en la tierra llana, que dura casi hasta la mar del Norte. Otro día, por la mañana, dio el bergantín que llevábamos en un bajo y del golpe se le saltó un pedazo de quilla, y el gobernador lo vido quedar en seco y no se detuvo a lo socorrer, antes caminó con el restante de la armada hasta que llegó a los Caperuzos, donde había enviado delante con cierta gente y canoas a un Lorenzo de Calduendo, para que allí buscase alguna comida, porque iba la armada con gran necesidad; y repartiendo la que allí hubo, que tenía el dicho Lorenzo de Calduendo, que fue bien poca, esperó al bergantín, que los que en él venían se dieron buena maña, que tapando el agujero con mantas, en dos días, con harto trabajo, se juntaron con su gobernador. Allí se detuvo el armada otros dos días adobando el bergantín, y adobado, le enviaron delante, a la ligera, con gente, por caudillo un Pedro Alonso Galeas, a la boca de Cocama, a avisar a don Juan de Vargas de nuestra venida, porque con la mucha tardanza que habíamos hecho, el dicho don Juan y los que estaban con él no hiciesen alguna cosa, pareciéndoles que ya nosotros no iríamos, como en efecto lo pensaron, y aún había muchos dellos que se querían ir y no aguardar; y sobre esto hubo algunos medio amotinados.

Partidos de esa provincia de los Caperuzos, fuimos sin ningún contraste desembarcando y durmiendo en tierra hasta llegar a la punta de un río que se junta con este otro de los Motilones, que entra sobre mano izquierda, que llamamos el río Bracamoros, porque pasa en Perú por una provincia de este nombre. Es, al parecer, mayor que dos veces el que traíamos. Júntase 120 leguas del astillero. Nace este río del Perú, en la misma provincia de Guanuco, y viene cerca del nacimiento deste otro río de los Motilones. Pasa este río por Guanuco el viejo, y de allí se va haciendo cada vez mayor por entre Cajamarca y Chachapoyas, y de ahí a los Bracamoros. Júntase aquí, que serán más de 300 leguas de su nacimiento, y en las juntas deste río se detuvo el gobernador dos días, y envió por él arriba en canoas gente a buscar poblazón, y no se halló; y partidos de allí de las juntas destos ríos, sin acaecerles cosa que de contar sea, llegamos sobre las juntas del otro que viene a la mano derecha, que se llama de Cocama, que es el nombre desta provincia, que está el río arriba del río por donde subió don Juan de Vargas y llegó a Cocama, y estarán las juntas destos ríos 80 leguas de los Bracamoros; y en la boca deste río de Cocama hallamos a don Juan de Vargas, que habemos dicho que vino delante con los setenta hombres a buscar comida, donde habían estado dos meses esperando al gobernador; y en este tiempo se comió la gente que allí estaba la mayor parte de la comida que habían traído de arriba de la provincia de Cocama, y urdieron algunos vecinos ciertos motivos contra el don Juan: unos decían que lo querían matar; otros que no, sino dejarle allí, y salirse y irse al Perú: que fuese lo uno o lo otro, con la venida del gobernador cesó todo, y la gente unos con otros se alegraron y regocijaron, aunque no sin algún pesar de no saber de García de Arce, que dijimos que se había ido del río abajo con los treinta hombres. Aquí se repartió la comida que allí había; a unos cupo mucho, a otros poco, como por la mayor parte suele acaecer en semejantes repartimientos.

Este río de Cocama es muy caudal y poderoso; es poco menor que el que llamamos de Bracamoros, y mayor que el de los Motilones. Es muy fértil de pescados de diferentes géneros, y tortugas, y en las playas hay muchos huevos de las tortugas, y en las mismas playas se toman gran cantidad de pájaros del tamaño de palominos, que son muy gordos y sabrosos. Nace este río de los reinos del Perú: cuáles son sus nacimientos hay diversas opiniones; porque unos dicen que será Apurima y Auanca, y con los ríos de Vilcos y Xauxas, y otros muchos que con éstos se juntan; y mi opinión y de otros es que será un río grande que nace a las espaldas de Chinchacocha, y en la misma provincia de Guanuco, que pasa por los asientos y pueblos que llaman Paucartambo y Guacambamba juntándose con los ríos que salen de Tamara y con otros muchos que salen de los montes de aquellas comarcas, y con los que vido y pasó el gobernador Gómez Arias en lo que dicen de Ruparupa, porque estos ríos que digo, bastarán a hacer este río de Cocama y aún otro más poderoso, y si fuera a Porima y a Vancay, con los demás arriba dichos, que forzosamente se han de juntar todos en este río de Cocama, no hay otro ninguno que entre de los Motilones que se pueda pensar que sea de los ríos de Ruparupa juntos, por si fuera muy más poderoso, sin comparación, de lo que es, y aún mayor que todos juntos esotros, a parecer mío.

Juntos estos tres ríos tan poderosos con otros muchos pequeños y arroyos y esteros que no cuento, hacen de aquí para abajo uno tan grande, que no puedo creer haber otro en el mundo semejante. Extiéndese y hácense muchos brazos. Hay en él de verano grandes playas en que se hallan de verano muchos huevos de tortugas y jicoteas, y lagartos y pájaros de los arriba dichos, que al tiempo que son nuevos se toman a manos. En la junta deste río de Cocama se detuvo el gobernador ocho días con toda el armada. Aquí se reformó algo la gente, que venía fatigada de hambre con poca comida que allí se les repartió. Quedáronse aquí muchas balsas de las que traíamos de arriba, porque no caminaban tanto como los barcos, y los que las traían tomaron allí muchas canoas de las que allí tenía don Juan de Vargas, de las que había traído de Cocama.

Partió el armada de la boca de este río, y al salir della se quebró y anegó el bergantín con que había venido delante don Juan de Vargas, y apenas dio lugar a la gente que venía dentro para tomar tierra, y a gran fuerza de los remos la tomaron, y volvieron muchas canoas que iban delante, y en ellas se embarcaron la gente y el hato del bergantín, y él quedó allí anegado y hecho pedazos. Desde aquí caminó el armada cinco o seis días por el río abajo, siempre por los brazos de la mano derecha, parando todos los días a hora de vísperas, o poco más tarde, y la gente saltaba en tierra a pescar y mariscar, y guisar de comer y dormir, los que querían. A cabo deste tiempo, un día, a medio día, dimos de repente sobre unos indios que estaban pescando en una playa despoblada, con sus canoas, y tenían tomadas más de cien tortugas y allegados muchos huevos dellas, y desque nos vieron, huyeron por el río con sus canoas, y dejáronnos la presa. Aquí paró el armada y repartieron las tortugas y huevos entre todos. Partidos desta playa, hallamos otro río grande, al tamaño, al parecer, del de los Motilones, y no mayor; viene de la mano izquierda. Creyose que era este río el de la Canela, por do vino el capitán Orellana, que nace del Perú de las espaldas de Quito de los Guijos.

Desde a dos o tres días que partimos de la junta de este río, dimos en una isla poblada de indios, que fue la primera poblazón, que en todo el río topamos desde los Caperuzos, que había más de 300 leguas, todas despobladas. Aquí hallamos a García de Arce, que habemos dicho que se echó el río abajo con los treinta hombres antes que don Juan de Vargas; los cuales pasaron gran necesidad por el despoblado, tanto, que pensaron perecer de hambre, y su principal mantenimiento fue lagartos del agua, que el dicho García de Arce mataba con el arcabuz, que era maravilloso arcabucero. Perdieron dos hombres en el camino, que salieron a buscar comida juntos, y nunca más los vieron. Creyose que se perdieron con la aspereza de la montaña, y no supieron atinar a volver donde habían salido; finalmente, nunca se supo qué se hicieron. Hallamos al dicho García de Arce con sus compañeros, hechos fuertes con un palenque que habían hecho delante de la puerta de los bohíos, por temor de los indios que cada día les venían a dar guerra, que si no fuera por el dicho García de Arce, que con el arcabuz hacía gran daño en ellos, hubieran muerto. Averiguose por cierto que en una guazavara que los indios les dieron, que los tenían en gran estrecho, el García de Arce se echó en su arcabuz dos pelotas, asido de una a otra un hilo de alambre, y de aquel tiro, de seis indios que venían en una canoa, mató los cinco de solo aquel tiro, y hizo otros muchos y maravillosos tiros, con que libró así y a sus compañeros. Estaban con tanto temor de los indios, que viniendo un día de paz ellos, pensando que era cautela y que los venían a matar, para atemorizar a los demás, mataron dentro de un bohío más de cuarenta dellos a estocadas y puñaladas, por consejo y mandado del dicho García de Arce, según se dijo.

A esta isla llamamos la Isla de García, porque en ella hallamos a García de Arce. Estará más de 100 leguas de la boca de Cocama, cerca del río que nosotros pensamos que sería el de la Canela: había en ella dos pueblos, cada uno de treinta casas o más. Los indios desta isla son bien agestados y dispuestos; andan vestidos de camisetas de pincel labradas; las casas son cuadradas y grandes; sus armas son una manera de varas con puntas de palmas, del tamaño de dardos de Vizcaya, tiradas con una manera de avient, de palo, que las hay en la mayor parte de las Indias, y las llaman tiraderas de estólica. Al cacique desta isla le llaman los indios en su lengua el Papa. Aquí empezamos a hallar mosquitos zancudos, aunque pocos. La comida destos indios es algún maíz y mucha yuca dulce y batatas: tienen macato, que es yuca rallada, en hoyos debajo de la tierra a podrir, y dello hacen pan y cierto brebaje. Todos sus tratos y caminos son por el río en canoas. En esta isla se detuvo el armada ocho días; aquí se desembarcaron los caballos que desde el astillero no habían salido en tierra, y habíanse muerto dos o tres dellos. Desde aquí envió el gobernador a descubrir y tomar algunas guías y lenguas, y no se halló ni tomó nada: en esta isla se nos quedó anegada una de las tres chatas que traíamos, que estaba ya podrida y casi quebrada. Aquí hizo el gobernador su teniente general a don Juan de Vargas, y a don Hernando de Guzmán su Alférez general.

Partió el gobernador desta Isla de García por el brazo de mano derecha, arrimado a la tierra firme; halló otras muchas islas y pueblos sin gente que, con temor del dicho García de Arce y del armada, se habían huido, donde solamente hallábamos las sementeras de yuca y batata, que todo lo demás estaba alzado. Halláronse por aquí algunas gallinas y gallos de Castilla, blancos, y algunas guacamayas y papagayos blancos. Dimos con un pueblo, el primero que topamos en la tierra firme sobre la mano derecha, donde comenzamos a ver algunos indios en canoas por el río, que recatadamente y de lejos nos venían a mirar. En este pueblo nos vino un cacique de paz con ciertos indios: trujo algunos pescados y tortugas; el gobernador le dio en recompensa dello alguna chaquira y cuchillos, por le contentar y traer de paz. Fuese luego, y tras dél vinieron luego otros indios, y traían asimismo pescado y tortugas. A todos los que venían daba el gobernador cuchillos, por los contentar. Mandó el gobernador que a ningún indio de los que viniesen nadie les tomase ningún rescate, ni contratasen con ellos nada de lo que traían, sino que a todos los que viniesen los encaminasen a él, que él partiría lo que trajesen con los que lo hubiesen más menester, y así se hizo. Llámase este pueblo Carari, donde pusimos nombre a toda la Provincia; desde este pueblo para abajo nos comenzaron a salir muchas canoas con comida y pescado y tortugas y otras cosas, y andaban entre nosotros, pero algunos no osábamos rescatar con ellos, porque el gobernador lo había así mandado no sé a qué efecto; y otros, escondidamente, rescataban y aun se lo tomaban sin rescate. Todos los pueblos que topábamos estaban sin gente, y los indios andaban huyendo por temor del armada y del daño que García de Arce había hecho en su isla. En esta isla prendió el gobernador a un Alonso de Montoya, y le echó en una collera, porque dijeron, y fue cierto, que él y otros que se querían huir en canoas y volverse por el río arriba al Perú, que había al pie de 500 leguas que subir: así lo llevó preso algunos días, y fuera más acertado matarle, como lo merecía, por este y otros motines que éste, como hombre que le tenía odio, por esta causa fue después el principal urdidor de su muerte del gobernador; sino que Pedro de Orsúa tuvo la condición más que buena, que no solo no castigó a los que lo merecían, pero no se halla que a ninguno de sus soldados dijese palabra fea ni de afrenta.

En esta provincia de Carari determinó el gobernador de descubrir si en la tierra adentro habría algunos caminos o poblazón; y haciendo alto en un pueblo, envió a un Pero Alfonso Galeas con cierta gente a descubrir, el cual fue por un estero, y allí tomó un camino por una montaña; y andando por él adelante, topó ciertos indios cargados con cazabi y otras cosas, los cuales, como vieron a los españoles, huyeron todos, que no pudieron tomar más que una india, que les dijo por señas que su pueblo estaría de allí cinco días de camino; y porque ellos no tuvieron ganas, se volvieron sin descubrir más, trayendo consigo la india, que era diferente en traje y lengua de los desta provincia. Fue parecer de algunos que se debían volver con aquella india a ver aquella tierra que ella decía; pero el gobernador no quiso detenerse, porque llevábamos los navíos mal acondicionados, y aún quebrados, y la principal noticia era Omagua, adonde pensaba parar, porque no le faltasen los navíos antes de llegar allá. Cada día nos venía mucha gente de indios en canoas, que, como a los primeros que habían venido dióseles, había(n) hecho mucho daño, unos a otros se convocaban y venían a vernos y a rescatar con nosotros, aunque si no era escondidamente no osábamos rescatar con ellos, porque el gobernador lo había mandado, no sé a qué efecto, y se enojaba y reñía con los que rescataban, aunque también disimulaba harto. Pasamos asimismo por otra provincia que llamamos Manicuri, del nombre de otro pueblo. Es toda una gente y un traje y ropa y lengua, y unas mismas armas y casas y ropas que visten. Son todos estos indios amigos y confederados, y así parece ser toda una provincia y no dos, porque toda la poblazón va trabada, sin que haya división, y que Carari y Manicuri sean nombres de pueblos y no de provincias. Dura esta población desde la Isla de García hasta el cabo de lo que llamamos Manicuri, más de 150 leguas. Los pueblos todos en la barranca del río, sin que haya de uno a otro mucho. Los indios de esta provincia traen algunas joyas de oro fino, aunque pequeñas, como son orejeras, caricuríes en las orejas y en las narices. La gente destas provincias no es mucha, según buena conjetura, porque en las poblaciones que nosotros vimos, basta que haya siete u ocho mil indios habitadores, y a lo muy largo, diez mil, que es esto lo que parece, según overa de la barranca, porque mal lo podíamos ver si no hacíamos más de allegar una noche y luego salir por la mañana, sin ver ni entender lo que había la tierra adentro. Hay en esta provincia muchas frutas de la tierra, y sabrosas, y muchos mosquitos de unos y de otros. Aquí se nos anegó el bergantín que nos había quedado, y nos quedaron solas dos chatas.

Pasada esta provincia que habemos dicho, dimos, sin saberlo, en un despoblado que nos duró nueve días, adonde pasamos gran necesidad, por no venir proveídos de comida; y la pasáramos mayor, sino que Dios nos proveía de mucho pescado que se toma en el río con anzuelos, que alcanzaba de ello la mayor parte del campo. Hubo en esto gran descuido el gobernador y en los que mandaban el campo, por no examinar cada día las lenguas y guías; así, a durar más el despoblado, no sé qué fuera de nosotros, porque duró la pesquería poco, y entramos en el despoblado muy desapercibidos de comida y bien descuidados, porque como siempre habíamos traído pueblos y veníamos durmiendo cada noche en ellos, no se tenía cuenta con que podíamos tener tan gran despoblado; y así hubo muchos que no tenían qué comer, si no era algunos bledos que hallaban por la playa del río, que eran bien pocos, a respecto de la mucha gente que padecía necesidad; y con todo esto, no pudieron dejar de morir alguna gente. En este despoblado hallamos otras dos bocas de ríos grandes, y no muy desviados el uno del otro. Conocíase claro en que venían turbios y crecidos; así parecía en ellos no tener muy lejos sus nacimientos. Venían estos dos ríos de la mano derecha; traían las barrancas altas y bermejas; y el gobernador, por la necesidad que llevábamos de comida, no se descubrieron ni detuvo en ellas.

Pasamos estos nueve días de despoblado, fue Dios servido que dimos en un pueblo de indios, tal cual convenía para remedio de la necesidad que llevábamos. A este pueblo llamaban los indios Machifaro. Es pueblo grande, el mayor que hasta allí habíamos visto: está sentado sobre una barranca del río. Los indios deste pueblo son de mediana disposición; andan desnudos del todo; sus armas son tiraderas de estólica, con los de arriba son enemigos y tienen guerra con ellos. Las casas son redondas y grandes y de vara en tierra, cubiertas de hojas de palmas hasta el suelo, con cada dos puertas. Llegamos a este pueblo de repente y sin que los indios supiesen de nosotros; pero cuando nos vieron, se pusieron de guerra, y echaron sus mujeres y hijos y los indios que no eran para pelear, en canoas por el río, para más asegurarlos, y en el pueblo nos esperaron de guerra trescientos o cuatrocientos indios. Llegó el gobernador en la delantera con un arcabuz en la mano, y con él otros arcabuceros y rodeleros, aunque pocos, y los indios hicieron muestra que los querían acometer al subir de la barranca; pero el gobernador tuvo gran sufrimiento, y mandó a los arcabuceros que ninguno tirase sin su mandado, y él iba delante de todos, llamando a los indios con un paño blanco, señalando que lo tomasen, y el cacique deste pueblo se llegó y tomó el paño y amigablemente se metió entre los españoles, y algunos otros indios con él. Todos los demás indios se desviaron a una parte, y hechos una manera de escuadrón, con las armas en las manos, se estuvieron un gran rato en la placeta hasta que llegó todo el armada. Pidioles el gober-nador que nos diesen una parte del pueblo con la comida para nosotros, y que en lo demás se estuviesen ellos con sus mujeres y hijos, que no les enojarían en nada. Aposentose toda la gente del armada en el comedio del pueblo, adonde el gobernador les señaló, mandándoles que no pasasen de allí ni fuesen a las casas de los indios a cosa ninguna. Había en este pueblo, según a todos pareció, más de seis mil tortugas grandes, que los indios tenían para comer, encerradas en unas lagunetas que tenían hechas de mano, y cercadas a la redonda con un cerco de varas gruesas, porque no se pudiesen salir, y a la puerta de cada bohío había una y dos y tres lagunetas destas, llenas de las dichas tortugas. Hallose gran cantidad de maíz recogido en los bohíos, y en el campo había infinitas sementeras de yuca brava y otras comidas; y no curando de la seguridad que el gobernador había dado a los indios, comenzaron alzar las comidas, así de las tortugas como de maíz, de aquella parte del pueblo que para ellos les habían dejado, y llevándolos en canoas a esconder; lo cual, visto por la gente del campo, empezaron a ir los soldados a sus estancias a traer la comida que hallaron, aunque contra la voluntad del gobernador, y sobre ello echó presos algunos españoles y mestizos, por lo cual dejaron de recoger más comida, y los indios acabaron de llevar toda la que quedó; si se pusiera buena orden y regla había para muchos días. Mala gente, sin cuenta de que los podría faltar, la desperdició y gastó muy presto, porque con mucha manteca y huevos que de las tortugas sacaban, y con la carne dellas y el mucho maíz que había, comían ordinariamente buñuelos, pasteles, mucho género de comidas de potajes, y más era lo que se desperdiciaba que lo que comían. Hacían vino de maíz, con que bebían, y dieron cabo presto de todo. Al gobernador le pesó después por la mala orden, porque a quien primero faltó fue a él, y después lo anduvo pidiendo a quien lo tenía.

En este pueblo nos detuvimos treinta y tres días; tuvimos en él la Pascua de Navidad. Envió el gobernador desde aquí, a descubrir, a Pero Alonso, el cual fue con cierta gente en canoas por un estero de agua negra, no de muy gran boca, que entra en el río junto a este pueblo, de sobre la mano derecha, y halló dentro una laguna tan grande y temerosa que les puso espanto; metiéronse por ella tanto adentro, que aínas se perdieron, que no acertaron a salir. No vieron el fin de ella ni hallaron nada. Acaeció en este pueblo que los indios de la provincia de arriba, que son enemigos y tienen guerra unos con otros, vinieron hasta doscientos dellos, bien apercibidos de guerra, en diecisiete canoas a hacer salto en ellos, y a roballos y cautivallos, como entre ellos es costumbre; y una noche, sin ser sentidos, dieron sobre este pueblo donde nosotros estábamos, que es el primero desta provincia de Machifaro, y como nos reconocieron, no se atrevieron a saltar en tierra, por nuestro temor; y desde el río, ya casi amanecido, nos dieron alborada con sus bocinas y flautas y otros instrumentos de guerra, y en orden de guerra se comenzaron a retraer el río arriba hacia su tierra, sin que hubiesen hecho daño alguno; pero antes que se fuesen, el cacique deste pueblo de Machifaro vino a muy gran prisa a demandar socorro al gobernador contra aquellos indios, diciendo que eran sus enemigos, y muy valientes, y que los venían a matar y destruir, y que le diesen algunos españoles que contra ellos les ayudasen; y el gobernador, por contentarle, envió a don Juan de Vargas, su teniente, con cincuenta hombres, los más arcabuceros, en su ayuda, y atajándolos, que se volvían por un estero, los tomaron en medio, los cuales, viendo que no podían huir, se apercibieron de guerra y como vieron a los españoles dicen que hicieron señal de paz, y no los entendiendo o no queriendo entenderlos, comenzaron a disparar con muchos arcabuces, y los indios de Machifaro a tirarles varas, y ellos con miedo de los arcabuces, dejando las canoas, se huyeron al monte, sin que se pudiesen tomar más de hasta cuatro o cinco de ellos, y tomaron todas las canoas. Creyose que morirían todos a manos de los de Machifaro, por estar sin canoas, y muy lejos de sus tierras y gran despoblado.

Aquí pareció a la mayor parte de la gente del campo que las guías que traíamos, que eran ciertos indios brasiles de los que por ese río salieron a Perú, según se había dicho, habían dado falsa relación y mentían en toda la noticia que nos habían dado: fuimos por el río casi 700 leguas, sin que viésemos cosa de las que nos habían dicho; y asimismo iba con nosotros un español de los que habían bajado por el río con el capitán Orellana, el cual no conocía la tierra, y desatinaba, y así, la gente comenzó a desconfiar de la noticia, teniéndola por burla, y deseaban volver al Perú, que decían que no había más que buscar; lo cual, entendido por el gobernador, dicen que dijo que no pensase nadie tal, que los que entonces eran muchachos habían de envejecer buscando la tierra; y en esto, cierto, mostró siempre gran valor y constancia, si se supiera guardar de sus enemigos y creyera a sus amigos, que le avisaron que pusiese guarda en su persona, no porque nadie de los que esto le aconsejaron supiese cosa cierta de motín, mas de que conjeturaban lo que podría ser, por la gran desvergüenza que algunos traían en el campo. Y a esta sazón el gobernador iba malquisto con la mayor parte del campo, que eran ruines y mal intencionados, porque no les dejaba robar y atar indios, y ranchearlos y matarlos a diestro y siniestro; y decían que ya desde entonces temía la residencia; y también doña Inés, su amiga, quisieron decir que le había hecho en alguna manera que mudase la condición, y que le había hechizado, porque de muy afable y conversable que solía ser con todos, se había vuelto algo grave y desabrido, y enemigo de toda conversación, y comía solo, cosa que nunca había hecho, y no convidaba a nadie: habíase hecho amigo de soledad y aun alojábase siempre solo y apartado lo más que podía de la conversación del campo, y junto a sí la dicha doña Inés, solo, y a fin, según parecía, de que nadie le estorbase sus amores; y embebecido en ellos, parecía que las cosas de guerra y descubrimiento las tenía olvidadas; cosa, cierto, muy contraria de lo que siempre había hecho y usado. Había en su campo algunos soldados que se habían querido amotinar por volverse al Perú, y aunque lo habían probado a hacer, y habían sido hallados con el motín de se huir, a los cuales, en pena, como quien los hecha a galeras, los hacía que fuesen remando y bogando la balsa de doña Inés; y aunque este castigo era harto liviano para lo que merecían ellos, se afrentaban dello mucho; y otros mal intencionados, por indignar a los dichos, murmuraban diciendo que mejor era ahorcarlos que no hacerles remar las canoas y balsas; por donde comenzaron a hacer algunos borrones y descuidos en su campo, y el mayor fue el de su muerte, que en este pueblo que es dicho se la comenzaron a tratar, hallando los traidores aquel aparejo de verlo malquisto y descuidado. Juntose con esto la dañada voluntad de algunos soldados de su campo, que eran y habían sido traidores, y se habían hallado en el Perú en muchos motines contra el servicio de su majestad, algunos de los cuales habían venido a esta jornada a más no poder, que andaban huyendo y escondidos por delitos y traiciones que habían cometido, y tuvieron por último remedio venirse a ella, por se desviar de las justicias que los buscaban, y otros que, deseosos de los dichos motines habían venido desta jornada, porque públicamente se dijo en el Perú que el gobernador Pedro de Orsúa no juntaba gente para jornada, sino para revolver sobre el Perú por concierto hecho con el visorey, lo cual fue falsedad y mentira, como se ha visto y dicho; y estos tales, por desechar de sí la carga y trabajo de la jornada, y deseosos de volver al Perú, andaban buscando y inventando cómo lo podrían hacer: y porque todos estos que digo eran gente baja y de poca suerte, y los más oficiales de oficios bajos, no teniéndose ninguno dellos por suficiente para ser capitán y cabeza a quien la gente obedeciese de buena gana, se concertaron con don Fernando de Guzmán, que era Alférez general del campo, que allende que ser caballero era tenido por virtuoso y bien quisto entre ellos, porque era vicioso y amigo de su opinión, y pusiéronle por delante la prisión de un su criado, mestizo, que el gobernador había mandado prender, como arriba se ha dicho, cosa cierta bien liviana, aunque ellos la estimaron mucho, diciendo que había sido grande afrenta que el gobernador le había hecho, siendo él caballero y Alférez general de campo, y que no eran hombres los que no sentían esas cosas, y lo que más le movió fue la ambición y codicia de mandar, porque le prometieron que sería general y cabeza de todos, aunque primero intentaron juntar cincuenta o sesenta amigos de su opinión, y una noche, con las más armas que pudiesen haber, alzarse con los navíos y salirse a la mar, y de allí al Perú; mas Lope de Aguirre y un Lorenzo Calduendo fueron de parecer que mejor era matar al gobernador y alzarse con todo, y así lo acordaron y determinaron; y que siendo el don Fernando general y cabeza, podrían buscar la tierra y poblarla, y que esto sería antes hacer servicio al rey por el gran descuido que el gobernador llevaba en el descubrimiento, que no ir contra el servicio real, y esto todo lo hacían al fin que el don Hernando, como hombre que era en obligación al gobernador, no les mallase y diese parte del negocio al gobernador; y así le aseguraban para entender dél lo que decía; pero no para que poblasen, sino huirse o matar al gobernador, porque, cierto, fue la mayor traición que en el mundo se ha hecho la que don Fernando hizo al gobernador, por la mucha y antigua amistad que con él tenía, que era tanta, que ni comía el uno sin el otro, y dormían muchas veces juntos, aunque tuviesen cada uno su cama, que era cosa no de creer la grande hermandad y amistad que Pedro de Orsúa mostraba al don Fernando, así por obras como por palabras, que no podía creer que tal traición hubiese hecho hombre con otro, que, como ellos, se hubiesen tratado con amistad.

II. Muerte del gobernador Pedro de Orsúa

Agora trataremos de cómo se comenzó a urdir la muerte al gobernador, que es de esta suerte. Partió el gobernador deste pueblo de Machifaro, bien sin cuidado de lo que se ha dicho, pasada la Pascua de Navidad, y fue aquel día a otro pueblo desta provincia, adonde determinó enviar a un Sancho Pizarro con cierta gente a descubrir un camino que allí hallamos, que parecía ir a la tierra adentro y allí esperó al dicho Sancho Pizarro. Estaba este pueblo alzado sin gente por temor de nosotros, y en lo que aquí nos detuvimos acabaron los conjurados de concertar esta maldad, y la efectuaron en la noche de año nuevo, día de la Circuncisión del Señor, y primero del año de 1561, a dos o tres horas de la noche juntándose con el dicho don Fernando hasta doce destos traidores, dejando prevenidos otros, sus amigos y secuaces, que en oyendo su voz y apellido acudiesen con sus armas: y fueron al aposento del gobernador, adonde le hallaron hablando con su amigo, que se decía Pedrarias de Almesto, echados en sus camas cerca el uno del otro, porque se fiaba mucho dél y siempre había sido su allegado y privado, y entraron los dichos traidores; y como vido el gobernador que venía gente, volvió hacia ellos, que estaba en una hamaca, y les dijo: «¡Qué es esto, caballeros, a tal hora por acá!». Y respondiendo uno que se decía Juan Alonso de la Bandera, dijo: «Agora lo veréis», y le dio con una espada a dos manos por los pechos, que lo pasó de una parte a otra, y luego segundó don Fernando y los demás que con él iban; y como vido el Pedrarias, que con él estaba, que lo mataban, comenzó a dar voces: «¡Qué traición es ésta, caballeros!» y echó mano a su espada para defender al gobernador, y anduvo un rato, hasta que le amenazaron que diese las armas y no le matarían, y el Pedrarias viendo ser por demás, les dio las armas, y al gobernador le dieron muchas estocadas y cuchilladas hasta que lo mataron; y llevando rendido con ellos al dicho Pedrarias de Almesto, se les huyó por el temor que tuvo que lo matarían por haber sido amigo de Pedro de Orsúa; y así ellos quedaron dando grandes voces diciendo: «Viva el rey, que nuestro es el tirano», y esto duró un buen rato, todo a fin que la gente de todo el campo acudiese a la voz de «Viva el rey», para que después de todos juntos supiesen y entendiesen su gran traición, la cual hasta allí la encubrían con la voz del rey, y la gente fue toda junta, o casi toda: luego fueron parte de los del motín a matar a don Fernando de Vargas, su teniente del gobernador, al cual toparon en el camino saliendo de su bohío, que venía al ruido, armado con un escampil y su vara en la mano, a saber qué cosa era aquélla; y llegando que fue a ellos diciéndole palabras feas le quitaron la vara y le mandaron desarmar, y estándolo desarmando un Juan de Vargas, canario, que era compañero de los tiranos, habiéndole quitado la una manga del escampil, y estándole quitando la otra, llegó por detrás un Martín Pérez, compañero destos en la traición, y le dio una estocada al dicho don Juan de Vargas que le pasó todo el cuerpo, y con la sobra de la espada que pasó de la otra parte, hirió malamente a Juan de Vargas, canario, que estaba pegado con él desarmándole, de manera que de un golpe aínas los matara ambos; y luego tuvieron por apellido libertad; y como venía gente a ver lo que era, los traidores hacían poner la gente en escuadrón con grandes amenazas; y luego se publicó la muerte del gobernador y su teniente sin que ninguno supiese quién ni cuántos habían sido en matar el dicho gobernador, antes cada uno pensaba en sí y creía que la mayor parte del campo había sido en ello; y cuando se vino a entender, ya los traidores tenían muchos amigos y allegados de su bando, y deseosos como ellos de revueltas y motines y de volver al Perú luego. Parte destos traidores fueron luego por las plazas, casas y aposentos del campo, y hacían venir por fuerza a toda la gente del escuadrón, donde juntaron todo el campo y desarmaron y quisieron matar a algunos amigos y parientes y paniaguados del gobernador, y luego, con palabras de seguro, salió el dicho Pedrarias de Almesto y le trajeron a don Fernando, y no consintió que lo matasen, antes mandó que le tuviesen respeto, porque habiendo sido amigo del gobernador había hecho bien en ayudarle, y que otro tanto querían ellos que hiciesen sus amigos por ellos cuanto se ofreciese; pero que se anduviese sin armas hasta que fuese tiempo de volvérselas; y luego aquella noche llamaron general a don Fernando, y a Lope de Aguirre maese de campo, y no consintieron que la gente del escuadrón hablase quedo, sino a voces, y así lo mandaron, y quisieron matar algunos porque hablaban al oído: y luego sacaron cierto vino que el gobernador traía para misas y para necesidades, y entre ellos y la gente del campo que estaba en el escuadrón se lo bebieron aquella noche. Ciertos negros, que eran del gobernador, por mandado de doña Inés, hicieron un hoyo grande y enterraron al gobernador y su teniente don Juan de Vargas, juntos, y los traidores se estuvieron hasta la mañana en escuadrón.

Antes de la muerte del gobernador acaecieron algunas cosas dignas de saber, y fue que, cinco días antes que lo matasen, un Comendador de San Juan, llamado Juan Núñez de Guevara, muy amigo del gobernador, hombre de bien, viejo, persona de crédito, que venía por soldado del campo, viniendo una noche, ya tarde, paseándose a la puerta de un bohío donde él posaba, por causa del calor grande que hacía (estaba este bohío el más cercano que ninguno otro de donde posaba el gobernador, que era en el pueblo de las Tortugas), vio pasar por detrás del bohío del dicho gobernador un bulto como de persona, que dijo en una voz no muy alta: «¡Pedro de Orsúa, gobernador del Dorado y Omagua, Dios te perdone!». Y el dicho Comendador fue a gran prisa a conocer quién había dicho aquello, y dijo que delante de los ojos se le deshizo el bulto y no vio nadie. Y luego, otro día, comunicolo con algunos amigos suyos, y hechos sobre ello algunos juicios, concluyeron que el gobernador a la sazón estaba malo y que podría morir de aquella enfermedad, y no se lo osaron decir, porque no tomase alguna imaginación desto. Oso escribir esto, porque tuve al dicho Comendador por hombre de bien, y que en esto diría la verdad.

Lo otro fue, que un negro llamado Juan, que era primero esclavo de Juan Alonso de la Bandera, uno de los que fueron a matar al gobernador, y aún el más principal, como he dicho atrás, este su negro entendió el día que le mataron el trato que su amo y los demás con él traían para lo matar, y aquella tarde, casi noche, un poco antes que vinieran a efectuar su traición, fue a avisar al gobernador de ello, y halló a Pedro de Orsúa que estaba con doña Inés, y no le pudo hablar; y porque su amo no entendiese en lo que andaba, se volvió luego y dejó dado aviso a otro negro que era del gobernador, llamado Hernando, para que se lo dijese, el cual se descuidó, o se le olvidó y no se lo dijo, o no quiso decírselo; y desde a pocos días, después de muerto el gobernador, lo supieron los tiranos, y los mismos negros se lo descubrieron y quisieron matar al dicho negro, Juan primero, y porque trabajaba en la obra de los bergantines que hicieron no lo mataron, y diéronle más de quinientos azotes, amarrado a un palo en una plaza, delante de todo el campo, manifestando a todos la causa por que le azotaban.

Acaeció mucho antes desto otra cosa, de la cual yo, como testigo de vista, hago afirmación, y fue que, antes que el gobernador se echase el río abajo, estando en los Motilones, un caballero principal del Perú, llamado Pedro de Añasco, y que había sido muchas veces capitán del rey, y éste, como hombre de experiencia, conociendo los ánimos levantados de algunos soldados del campo de dicho gobernador Pedro de Orsúa, que era muy grande amigo suyo, le escribió una carta, la cual yo vi, diciéndole en ella que por diez hombres menos no había de dejar de hacer su jornada; que le rogaba ahincadamente que no metiese consigo a ciertos soldados de los que allá tenía, que los echase luego fuera, que le parecían bulliciosos y desasosegados, y que no convenía que los llevase. Y asimismo en este tiempo vinieron cartas del virrey, marqués de Cañete, con seis provisiones, firmadas de su nombre y refrendadas de su secretario, para que en ellas pusiese el nombre del que quisiese echar fuera, y traían en blanco, para poder señalar el gobernador el que él quisiese. Decían los mandamientos que, visto aquello, saliesen a verse con el virrey, por cuanto tenían cosas que tratar con ellos, y muy convenientes al servicio de su majestad, y esto era a fin de que aquellos a quienes el gobernador señalase, no se escandalizasen o alborotasen, y porque no tomasen sospecha que eran tenidos por hombres de mal vivir. Y el gobernador, como hombre que no tenía experiencia de los negocios y condiciones de la gente del Perú, y sus muy dañadas voluntades que siempre estos que le mataron habían tenido, siendo ya dado aviso de sus ruines mañas, no quiso el buen gobernador hacerles mal, antes les hizo mostrar las provisiones que le eran enviadas, y los nombres en blanco dellas, puestos todos ellos para echarles cargo de que les quería bien y que lo tuviesen por amigo de todos; que, como testigo de vista y que fui yo a mostrárselas a todos y decirles la merced que el gobernador les hacía, puedo tratar desto, aunque siempre fui de diferente opinión en esto que quedasen, sino que los hiciese volver al Perú, porque decía yo que quien hacía una traición haría trescientas; pero el gobernador respondía que antes sería al revés, y que, por enmendar lo pasado, servirían bien en la guerra y procurarían de acreditarse; y al fin, a ruego de sus amigos, hubo de echar fuera a un don Martín de Guzmán, no porque este caballero hubiese hecho nada contra el servicio de su majestad, mas por parecerle que tenía valor para tener amigos, y que éstos lo podrían pegar parte de sus mañas y hacerle torcer de lo fuese razón, como he mostrado del don Fernando de Guzmán, que en tal paró; y el buen gobernador murió confiado de su mucha bondad, y por no creer a sus amigos, porque luego respondía que él no hacía mal a ningún soldado, ni les decía palabras de afrenta como otros capitanes; y que si andaban descontentos y decían mal dél, no era por la ocasión que él les daba, sino por el trabajo que con la guerra traían; y esto respondía a los que en esto le trataban, diciéndole que se guardase, que andaban desvergonzados, porque, en efecto, hubo un su muy amigo, y que siempre mostró con obras serlo, que se decía Pedrarias, que mirase por sí, porque si no cortaba cuatro cabezas, no ternía su campo seguro, y su vida y las de sus amigos perdidas; y que cada día había más desvergüenzas en su campo; y a esto respondió, estando en cierta consulta con un clérigo y otros dos viejos, de quien él se fiaba, que él miraría aquello y daría la orden que mejor le pareciese; y mediante esta respuesta, se fueron todos a sus posadas, y él nunca puso remedio en ello, y estos traidores efectuaron su maldito deseo, porque si el buen gobernador hiciera cualquiera cosa destas que habemos tratado, oso afirmar que hoy día no fuera muerto, o, a la menos, de la manera que murió; y la tierra, si alguna hay, fuera descubierta, y sus amigos y servidores de su majestad, que allí íbamos, no hubiéramos padecido tantos trabajos y riesgos de nuestras vidas, y se excusaran todos los daños sucedidos: mas el buen gobernador, con su buen ánimo y sana condición, nunca pensó que pudiera suceder cosa de las dichas, porque de creer es que si lo imaginara pusiera remedio en ello, como cristiano y servidor de su majestad que siempre fue.

Al principio desta relación se dijo cómo el gobernador Pedro de Orsúa era caballero, y del reino de Navarra; agora trataremos aquí algo de su persona, condición y costumbre. Era Pedro de Orsúa mancebo de hasta treinta y cinco años, de mediana disposición, y algo delicado, de miembros bien proporcionados para el tamaño de su persona. Tenía la cara hermosa y alegre, la barba caheña y bien puesta y poblada. Era gentil hombre y de buena práctica y conversación, y mostrábase muy afable y compañero con sus soldados. Preciábase de andar muy pulido, y así lo era en todas sus cosas. parecía que tenía gracia especial en sus palabras, porque a todos los más que comunicaba atraía a su querer y voluntad; trataba a sus soldados bien y con mucha crianza. Fue más misericordioso que riguroso. Era extremado en aventajarse de entender en la jineta y la brida, porque siempre lo mostró ser muy galán caballero, porque muchos que lo entendían le reconocían ventaja en esto. Sobre todo sirvió bien a su majestad, bien y fielmente, sin que en él se hallase cosa en contrario, ni aun en el pensamiento, según lo que en él se conoció. Mientras tuvo estas condiciones arriba dichas, fue siempre bien quisto y amado de todos; pero como dicen que pocos de los mortales viven sin falta, entre estas virtudes tuvo algunos vicios y resabios, aunque se creyó que doña Inés, su amiga, le hizo tomar los más dellos; aunque muchos que le habíamos más entendido su condición, no podíamos creer sino que su enfermedad era causa de haberse mudado, sino que, como sean tantos los que iban, y cada uno de diferente condición y opinión, unos decían tener la culpa doña Inés. Hágalo una cosa u otra, parecía en alguna manera codicioso, aunque cuando era menester, era largo en dar y más en prometer. Si tenía necesidad de alguno, hacíale grandes ofertas y promesas, y desde que le tenía donde no se podía desasir y hecho todo lo que pretendía, no cumplía todo lo que prometía, aunque este vicio es común a los capitanes por la mayor parte de Indias; y si vía alguna cosa o presea buena a algún soldado de los suyos, luego se lo codiciaba y trataba ferias, y procuraba haberla en su poder. Fue en alguna manera ingrato a sus amigos, y a los que le habían servido o hecho por él. Usaba poco la caridad con los enfermos y necesitados; pocas veces los visitaba. Guardaba los enojos y rencores por mucho tiempo, y habíase hecho remiso y descuidado en la buena gobernación y disciplina de su campo y armada, y mal acondicionado y desabrido, tanto, que los que primero le conocíamos, decíamos unos con otros que no era posible que fuese Pedro de Orsúa, o que estuviese en su libre juicio. Finalmente, era muy enamorado y dado a mujeres, aunque honesto en no tratar en ellas ni loarse de lo que en semejantes negocios acaece a muchos. Vivió solo tres meses y tres días desde que se embarcó en el astillero hasta que le mataron. Embarcose a los 26 de septiembre de 1561 años. Los que aquella noche se hallaron en matar a Pedro de Orsúa, gobernador, y a su teniente don Juan de Vargas, según lo que yo vide por vista de ojos, porque me hallé con el gobernador, y es muy cierto, porque demás desto, ellos después se loaban dello, son los siguientes:

Don Fernando de Guzmán, Juan Alonso de la Bandera, Lorenzo de Calduendo, Alonso de Montoya, Miguel Serrano de Cáceres, Pedro de Miranda, mulato, Pero Hernández, Martín Pérez, Diego de Torres, Cristóbal Fernández, Alonso de Villena, Juan de Vargas, canario, y el cruel tirano Lope de Aguirre cabeza y inventor de maldades.

Pasada aquella noche, otro día, por la mañana, entraron en consulta todos los matadores del gobernador, con otros muchos que se habían ya convidado y hecho sus amigos y aliados, y hicieron más capitanes y oficiales de guerra que soldados había en el campo. Don Fernando de Guzmán, que era ya nombrado general, y Lope de Aguirre, maese de campo; Juan de la Bandera, capitán de la guarda; Lorenzo de Calduendo y Cristóbal Fernández y Miguel Serrano, capitanes de infantería; Alonso de Montoya, capitán de a caballo, y Alonso de Villena, alférez general, y a Pedro de Miranda, mulato, alguacil mayor, y a Pedro Fernández, pagador mayor. Todos éstos fueron los que aquella noche mataron a su buen gobernador; y destos, dejaron sin cargos, por entonces, a Martín Pérez y a Juan de Vargas, canario. Fuera destos, hubo otros que, aunque no se hallaron en la muerte del gobernador, se confederaron con los matadores y tomaron cargos y oficios en campo, que fueron Sebastián Gómez, piloto portugués, capitán de la mar, y el comendador Juan de Guevara, y Pedro Alonso Galeas, capitán de infantería; Alonso Enríquez Orellana, capitán de munición; Miguel Bonedo almirante de la mar. Hicieron a un Diego Valcázar Justicia mayor del campo, el cual, al tiempo que le dieron la vara, dijo que la tomaba en nombre del rey don Felipe, nuestro señor; aunque esto que dijo supo mal a los tiranos, y él mostró haberse arrepentido de haberlo dicho por el temor de que le hicieran pedazos; mas los tiranos por entonces disimularon con él; porque aún no estaba declarado entre ellos contra el real servicio, antes les parecía que buscarían la tierra y que harían servicio a su majestad y serían perdonados, como más largo trataré luego. Y desde a dos días, vino Sancho Pizarro, que es el que el gobernador Pedro de Orsúa había enviado a descubrir un camino, como se ha dicho, el cual, ni ninguno de los que con él fueron, supieron cosa de las pasadas hasta que volvieron al campo, que los dichos tiranos tuvieron puestas guardas pública y secretamente para que ninguno pudiese darles aviso de lo sucedido; y llegado el dicho Sancho Pizarro, lo hicieron los tiranos Sargento mayor, el cual había hallado en unas montañas unos dos pueblezuelos la tierra adentro.

En esta junta, la mayor parte de los oficiales y capitanes del campo, así de los matadores del gobernador como de los demás aliados, fueron de acuerdo y parecer que se debía buscar la tierra y noticia que Pedro de Orsúa traía, y que la debían buscar y poblar, y que por este servicio su majestad perdonaría los matadores del buen Pedro de Orsúa, y que para eso debían hacer una información con los más principales del campo, de como Pedro de Orsúa iba remiso y descuidado en buscar la tierra, y que no la pretendía buscar ni poblar, y otras mentiras y maldades; y que conforme a esto, todos los del campo diesen su parecer, firmado de todos, y que esto se guardaría para su descargo cuando fuese tiempo; y el tirano Lope de Aguirre y otros de su opinión, callaron por entonces, y no dieron parecer en ello; y los que más esto procuraban eran don Fernando de Guzmán, y Alonso de Montoya y Juan Alonso de la Bandera. Fecha y puesta dicha información como ellos la quisieron pintar, para la autorizar con las firmas y pareceres de todo el campo, firmó primero don Fernando de Guzmán, general, y el segundo, Lope de Aguirre, maese de campo, el cual puso en su firma: Lope de Aguirre, traidor; y mostrándolo a los otros dijo: «¿Qué locura y necedad era aquella de todos que, habiendo muerto un gobernador del rey, y que llevaba sus poderes y representaba su persona, pensaban por aquella vía quitarse de culpa?, que todos habían sido traidores, y que, dado el caso que hallasen la tierra, y que fuese mejor que el Perú, que el primer bachiller que allá viniese les cortaría las cabezas a todos: que no pensasen tal, sino que todos vendiesen sus vidas antes que se las quitasen: que buena tierra era el Perú, y buena jornada; y que allá tenían muchos amigos que les ayudarían, y que esto era lo que a todos convenía». A lo cual replicó un Villena, alférez general, uno de los que fueron en matar al gobernador, diciendo que Lope de Aguirre decía bien y la verdad, y que no convenía otra cosa; y que quien al general, su señor, aquello le aconsejaba, no era su amigo ni servidor. A lo cual respondió Juan Alonso de la Bandera, y dijo: «Que matar al general Pedro de Orsúa no había sido traición, sino servicio del rey, porque no quería ni pretendía buscar la tierra, trayendo tanta y tan buena gente, y habiendo gastado su majestad tantos dineros de su caja; y que quien a él le dijese traidor, que mentía, y que él se lo haría bueno y se mataría con él». Y los de la opinión de Lope de Aguirre quisieron responder a esto, pero su general y otros capitanes se pusieron de por medio y los apaciguaron. El Juan Alonso tornó a decir que hiciesen lo que quisiesen, que no pensasen que lo decía de miedo, que tan buen pescuezo tenía como todos; y así cesó por entonces esta información, y los demás del campo se inclinaban al Perú.

Desde a cinco o seis días que fue muerto el gobernador, partieron los tiranos de aquel pueblo donde le mataron, y así se quedó la otra chata, y nos quedó solamente la que traíamos los caballos; y aquel día llegaron a otro pueblo despoblado de gente, y tenían solos los bohíos sin nada; y aquella noche, los que eran de opinión de volver al Perú, barrenaron y quebraron la chata de los caballos, y se anegó; y así por esto como porque había buen aparejo de madera para hacer ciertos navíos, en que determinaron de ir al Perú, pararon allí, donde se detuvieron casi tres meses en hacer dos bergantines. Andaban en la obra cuatro oficiales españoles carpinteros y aserradores, y todos los más españoles del campo ayudaban a la obra, cada día tantos. Había muchas azuelas y sierras, y otras muchas herramientas que el gobernador traía para cuando fuesen necesarias para hacer navíos; y había alguna brea y clavazón, aunque poca. En este tiempo pasamos gran hambre, porque no hallamos en este asiento más de la yuca brava de las sementeras, y para se poder comer, se había de hacer cacaui, y para lo hacer, había muy poco servicio, que casi todo se nos había muerto, y las sementeras estaban lejos; íbase por la yuca en canoas, y atravesábase el río por allí, que tiene una legua de ancho, en que se trabajaba mucho: en pesquerías no se podía tomar ningún pescado, y nuestro principal mantenimiento fueron frutas del monte, que allí hallamos, como eran hobos y carmitos, y chatos y guanábanas, y otras frutas de diversos géneros. Comiéronse aquí los caballos y todos los perros del campo, y algunos comieron gallinazas.

Desde a pocos días que allegamos a este pueblo, todos los tiranos se concertaron ir al Perú a le tiranizar, si pudiesen. Aquí mató el cruel tirano Lope de Aguirre a García de Arce, porque había sido amigo del gobernador Pedro de Orsúa, y quiso matar a Diego de Valcázar, que dijimos que habían hecho Justicia mayor los tiranos después de muerto el gobernador Pedro de Orsúa, y que dijo que tomaba la vara en nombre del rey don Felipe, nuestro señor, al cual le habían ya quitado el cargo; y llevándolo a matar el maestre de campo Lope de Aguirre y otros, a media noche, desnudo en camisa, que le sacaron de la cama en que estaba acostado, él se huyó; y porque tuvo por cierto que le querían matar, echó a huir y se les soltó, e iba dando voces diciendo «¡Viva el rey, caballeros!» para turbar y tener a los que iban tras él; y, por huir desta muerte, se despeñó de una barranca muy alta, y bien descalabrado y herido se escondió en un monte; y otro día don Fernando le envió a buscar y le aseguró la vida sobre su palabra, y así volvió al campo y se escapó por entonces. Mataron aquí en este pueblo a Pedro de Miranda, mulato, alguacil mayor, y a Pedro Hernández, su pagador mayor, que había sido con ellos en la muerte del gobernador Pedro de Orsúa, porque dijeron en el campo que pretendía matar a su general don Fernando y ciertos capitanes, no sé a qué efecto; y lo que desto se cree es que comenzaba ya a venir el castigo del cielo sobre los matadores de Pedro de Orsúa, que poco a poco se ejecutó en ellos, hasta que no quedó ninguno; porque lo que destos dos se dijo fue mentira. Y luego proveyeron otros dos en los dichos oficios de alguacil mayor a Juan López Cerrato, y el de pagador a Juan López de Ayala. En este pueblo hizo don Fernando su teniente general a Juan Alonso de la Bandera, el cual, con Lope de Aguirre, maese de campo, se encontraban en los mandos, y lo que el uno mandaba quería el otro estorbar, y había competencias entre los dos, y aun entre los más de los soldados del campo, sobre cuál de los cargos era más preeminente, de que se causó gran enemistad entre los dos, y bandos, y prevaleció y pudo más por entonces Juan Alonso de la Bandera; y así, su general don Fernando quitó el cargo de maestre de campo a Lope de Aguirre, y lo dio luego a Juan Alonso, junto con el de teniente general que de antes tenía, y dieron la Capitanía de la guardia a Lorenzo de Calduendo, y a Lope de Aguirre hicieron capitán de a caballo. Muchos amigos de don Fernando y oficiales de su campo eran de parecer que matasen a Lope de Aguirre, pues que le habían quitado el cargo, porque era mal hombre, bullicioso y tenía muchos amigos; pero don Fernando no lo consintió, antes, por asegurar y contentar al dicho Lope de Aguirre, que andaba alborotado y se quejaba que le habían quitado el cargo, le prometió que no entraría en Perú sin que primero le volviese el cargo de maestre de campo, y, que llegados, le prometía que casaría una hija mestiza que Lope de Aguirre tenía allí consigo con un su hermano que se llamaba don Martín de Guzmán, que estaba en Perú. A la moza puso luego don, y le dio una ropa de seda muy rica, que era del gobernador, y otras joyas, y la comenzó a tratar como cuñada.

Pasadas estas cosas que habemos dicho, cada día crecía más la enemistad entre Lope de Aguirre y Juan Alonso de la Bandera; y el Lope de Aguirre vivía muy temeroso y recatado, porque no le matase, y siempre armado secretamente él y todos sus amigos, y el Juan Alonso lo quiso matar algunas veces, según se dijo, y no osó, porque siempre le hallaba a recaudo y bien acompañado. Y en este tiempo creció mucho la soberbia de Juan Alonso de la Bandera, de manera que se dijo por cosa cierta que, no contento con ser teniente general y maestre de campo, y la segunda persona, quiso ser primera y matar a su general don Fernando y serlo él, y hacer a un Cristóbal Hernández, muy amigo suyo, maestre de campo. Que ello fuese así o no, ello se dijo, y Lope de Aguirre se lo dijeron y hicieron creer a don Fernando; y el que más en esto insistió fue Lorenzo de Calduendo, capitán de la guardia, que estaba mal con el dicho Juan Alonso, y competían los dos en amores de la doña Inés, que había sido amiga del gobernador, y entre todos ellos se determinó que habrían de matar a Juan Alonso y Cristóbal Hernández; y un día que el Juan Alonso estaba en casa de don Fernando, su general, jugando a los naipes, y Cristóbal Hernández con él, el cual juego había ordenado don Fernando a efecto que se descuidasen allí y los matasen, como lo hicieron: que en este tiempo siendo avisado entre él y Lope de Aguirre, con ciertos amigos suyos armados, y con arcabuces, y el don Fernando, tenía también apercibidos otros que estaban allí dentro, y ellos y Lope de Aguirre y sus amigos los mataron a estocadas y lanzadas y arcabuzazos; y luego quedó Lope de Aguirre por maestre de campo, como lo era, y don Fernando hizo capitán de infantería, en lugar de Cristóbal Hernández, que antes lo era, un Gonzalo Guiral, muy su amigo y de su tierra. Con todas estas revueltas, siempre se entendía con gran prisa en la obra de los bergantines.

En este asiento mataron los indios a Sebastián Gómez, capitán de la mar, y a un Molina, y a otro Villareal, y a otro Pedro Díaz, y a un Mendoza, y a otro Antón Rodríguez, andando fuera de campo a buscar de comer y a pescar, porque los dichos tiranos dieron la causa que, estando los indios de aquella provincia de Machifaro así de paz, y que venían a rescatar con nosotros, los tiranos, por servirse dellos, los engañaron y hicieron con maña y halagos meter en unos bohíos más de cincuenta dellos en achaque de los querer ver don Fernando; y, estando dentro, los mataron todos y los cercaron y echaron en prisiones; los cuales, desde a cuatro o cinco días, eran todos huidos que no quedó casi ninguno dellos, y con esto se alzaron y mataron los dichos seis soldados; y no solo se siguió este daño, sino otros muchos, que no volvieron más a rescatar con nosotros, y padecíamos todos necesidad de comida, que ellos primero nos la traían a trueque de bien poco rescate, y de noche nos hurtaban las canoas, y no osábamos salir del campo sino muchos juntos a buscar comida, y primero salían cuatro o cinco solos. También se dijo, y tuvo por cierto, que Lope de Aguirre, pareciéndole que la gente se podía huir algunos en las canoas, que teníamos muchas y muy buenas, y que siendo así no podría haber efecto su dañada intención, él mismo, de noche, encubiertamente, desataba las canoas y las echaba el río abajo, y publicaba que los indios las hurtaban; y que lo hiciese él o los indios, en pocos días, de más de ciento y cincuenta canoas que teníamos, no nos quedaron veinte, las más ruines.

En este tiempo, por consejo del tirano Lope de Aguirre, quiso don Fernando de Guzmán que todo el campo le tuviese por general, y para esto, teniendo prevenidos sus amigos y aliados, mandó juntar toda la gente del campo en una plaza, junto a su posada, y estando junta la gente, y el tirano Lope de Aguirre con sus amigos y los de don Fernando armados, el don Fernando de Guzmán les hizo un razonamiento de la forma siguiente:

«Señores: muchos días ha que he deseado tratar con vuestras mercedes lo que agora quiero hacer, y es, que yo tengo este cargo de general, como vuestras mercedes saben, y no sé si contra la voluntad de algunos, para lo cual, y para que entre nosotros haya más conformidad, yo, desde agora, dejo el cargo y me desisto dél, y lo mismo harán estos señores oficiales para que vuestras mercedes libremente lo den a quien mejor les pareciere, que sea en provecho y conformidad de todos.» Y dicho esto, hincó en el suelo una partesana que tenía en la mano, en señal que se desistía del cargo, y lo mismo hicieron sus oficiales. Luego, los amigos del dicho don Fernando, primero, y tras ellos la mayor parte del campo, dijeron que querían por su general a don Fernando de Guzmán, y el don Fernando lo aceptó y dio por ello las gracias, y les dijo que cada uno dijese su parecer, y sin ningún temor; que el que quisiese seguir la guerra del Perú, en que él y sus compañeros estaban determinados, había de firmar y jurar de la seguir, y obedecer a su general y capitanes en lo que se les mandase; y que si fuesen tantos que pudiesen y quisiesen buscar la tierra y poblarla, que él los dejaría con un caudillo que ellos escogiesen, y que si fuesen pocos, que él los sacaría a la primera tierra en paz, donde se podrían quedar, que él los aseguraba a todos, bajo su fe y palabra, que no recibirían daño por lo que dijeren. Todos los del campo, y algunos, a más no poder, por temor que tenían que no los matasen, firmaron y juraron la guerra del Perú, salvo algunos que, disimula-damente, se quedaron sin firmar, que estos fueron pocos criados y muchos inútiles y...

Otro día después se juntaron en casa de don Fernando, su general, el maestre de campo, y los Capitanes y Oficiales de la guerra, y habiendo dicho misa un clérigo que se llamaba Alonso de Enao, en presencia de todos, acabada la misa, el dicho clérigo les tomó a todos estos Oficiales juramento muy solemne sobre una ara consagrada y un libro de los Evangelios, en que pusieron sus manos, y juraron que unos a otros ayudarían y favorecerían y serían unánimes y conformes en la guerra del Perú que tenían entre manos, y que entre ellos no habría revueltas y rencores, y que no irían unos contra otros, a pena que el que esto no hiciese y lo quebrantase, no pudiese ser absuelto sin ir a Roma; y esto se hizo por las revueltas pasadas que habían habido entre Juan Alonso de la Bandera y otros de su banda con Lope de Aguirre y sus amigos, pareciéndoles que con esto se evitarían semejante motines. Y juró primero don Fernando de Guzmán, su general, y luego Lope de Aguirre, su maestre de campo, y tras ellos todos los demás capitanes, alféreces, sargentos, oficiales del campo, el cual dicho juramento, no solo no se cumplió, pero como si hubieran jurado al contrario pareció que lo hicieron, porque siempre hubo entre ellos cuestiones, revueltas, rencores, discordia y enemistades, más que hasta allí había habido. En este mismo asiento, desde pocos días, el tirano Lope de Aguirre, maese de campo, hizo juntar un día toda la gente delante de la puerta de don Fernando, su general, y, según dijeron algunos, sin comunicarlo con él, ni él ser sabedor dello; y según otros quisieron decir, que, inducido por un Gonzalo Duarte, que era su mayordomo, y por Lorenzo de Calduendo, capitán de su guardia, dio a ello consentimiento; y junta la gente toda del campo, Lope de Aguirre les hizo el razonamiento siguiente:

«Señores: ya vuestras mercedes saben y vieron cómo el otro día, por general consentimiento, hicimos a don Fernando de Guzmán, general y lo firmamos de nuestros nombres, y que algunos que no quisieron firmar ni ser deste parecer, les hemos hecho y sabemos el tratamiento que a nuestros hermanos, y partimos con ellos las capas; y si algunos de vuestras mercedes, de los que el otro día firmaron, se han arrepentido, díganlo sin temor ninguno, que lo mismo haremos con ellos.» Y todos los que allí estaban dijeron que querían lo comenzado seguir, que les era forzoso por muchas causas no decir otra cosa; y tras esto dijo: «Que para que la guerra llevase mejor fundamento y más autoridad, convenía que hiciesen y tuviesen por su príncipe a don Fernando de Guzmán desde entonces, para le coronar por rey en llegando al Perú, y que para hacer esto era menester que se desnaturasen de los reinos de España, y negasen el vasallaje que debían al rey don Felipe, y que él desde allí decía que no le conocía ni le había visto, ni quería ni le tenía por rey, y que elegía y tenía por su príncipe y rey natural a don Fernando de Guzmán, y como a tal le iba a besar la mano, y que todos le siguiesen y hiciesen lo mismo». Y luego se fue hacia una casa, que estaba en ella don Fernando, y todos tras él, y primero Lope de Aguirre, y luego todos los demás, le pidieron la mano, y le llamaron excelencia, y él abrazaba a todos y no daba a nadie la mano. Mostró placer y holgose con el nuevo nombre y dictado. Luego puso casa de príncipe, con muchos oficiales y gentiles hombres; comió desde entonces solo, y servíase con ceremonias. Cobró alguna gravedad con el nuevo nombre; dio nuevas conductas a sus capitanes, señalando salarios de a 10 y de a 20.000 pesos en su caja y haciendas, y sus cartas comenzaban desta manera: «Don Fernando de Guzmán, por la gracia de Dios, príncipe de Tierra Firme y Perú, y gobernador de Chile». Y cuando decían esto, su secretario el primero, y los más del campo, en nombrando don Fernando de Guzmán, con todo acatamiento se quitaban la gorra, como si nombraran al rey don Felipe, nuestro señor, y tocaban trompetas y atabales cada vez que se comenzaba a leer alguna conducta de las que daba. Antes de la partida deste pueblo hizo su Sargento mayor a un Martín Pérez, que dijimos que había sido con él y los demás en la muerte del Pedro de Orsúa, aquel que dio la estocada a don Juan de Vargas, como se ha dicho, el cual era gran amigo y compañero de Lope de Aguirre, maese de campo; y a Sancho Pizarro, que antes lo era, hizo capitán de a caballo. Hasta este pueblo de los Bergantines vinieron muy bien algunas balsas que habíamos sacado del astillero, aunque venían mal hechas, que no tenían más facción que unas barcas cuadradas y de palos verdes, y pudieron ir hasta la mar más seguras que los bergantines y barcos; y, cierto, siendo ellas bien hechas y de buena madera, gruesa y seca, las tengo por mejores navíos que otros para el río, y más sin riesgo, salvo que el tomar el puerto con ellas es algún trabajo; pero llevando ellas su facción, como digo, no sería tanto trabajo.

A cabo de tres meses que habían estado en este pueblo de los Bergantines, en el cual pasaron todas las cosas que habemos dicho, se acabaron dos navíos rasos, sin cubiertas ni obras muertas, grandes y hermosos, porque, según decían, en cada vaso podían armar navío de trescientos toneles, y partieron de allí con propósito de ir a tiranizar el Perú; y el orden que ellos decían habían de tener, era procurar salir a la mar con gran brevedad y, por la necesidad que llevaban de bastimentos, tomar tierra en la isla Margarita, y en tres o cuatro días tomar la comida y agua necesaria, y partir para Nombre de Dios, y tomar puerto en un río que llaman del Saquees, muy cercano al Nombre de Dios, y de allí, de noche, ir por tierra al pueblo, y antes que los sintiesen, tomar el puerto y sierra de Capixa, que es el paso para Panamá, porque nadie pudiese dar aviso; y tomado este paso con alguna gente, los demás dar sobre el pueblo del Nombre de Dios, y tomalle y roballe y abrasalle, y matar todos los sospechosos; y luego, sin más detenencia, ir sobre Panamá, y hacer lo mismo, y tomar todos los navíos que hubiese en el puerto, porque no tuviesen aviso en el Perú de su venida; y llevar toda el artillería que hubiese en el Nombre de Dios, y hacer allí una galera y otros navíos de armada; y decían ellos que allí se les había de juntar la gente de Veragua y otros muchos españoles de Nicaragua y otras partes, y más de mil negros, a quien ellos debían de dar armas y libertad; y con estos aderezos y gente de guerra, decían ellos que, en muy pocos días, habían de tener todo el Perú por suyo; el cual habían ya comenzado a repartir entre ellos, no solamente los repartimientos, pero aún las mujeres de los vecinos, todas las que eran hermosas, cada uno escogía para sí la que más le agradaba. Y había algunos que llegaban delante de don Fernando, su negro príncipe, y le decían: «Señor, una merced vengo a suplicar a vuestra excelencia, y háseme de aceptar antes que diga lo que es». Y su excelencia decía luego: «Diga vuestra merced, que a los tan buenos soldados como vuestra merced nada se les puede negar; y esté cierto que lo haré como lo pide». Y así comenzaba el suplicante de la merced, y decía: «Ya sabe vuestra excelencia lo mucho que yo haré en su servicio, y a ello la razón me obliga. La merced que se me tiene otorgada, que yo estoy aficionado a vivir en tal pueblo de los del Perú, y allí reside cierto vecino rico que, llegados que seamos allí, yo procuraré de hacer menos el tal vecino, y luego sea su repartimiento mío y la mujer que tiene». A esto respondía su excelencia con poca vergüenza: «Hacerse ha desa manera, y téngalo vuestra merced por suyo desde agora». Cosa, cierto, que parece imposible que haya en los hombres tantas desvergüenzas o maneras de lisonjas para tener ganada la voluntad a su príncipe de hongos, pues esto no podía suceder sino demasiado temor o bellaquería, que es más cierto, del que tal ponía en plática. Y en todo este tiempo que digo, no contaban suceso malo ni contrario que les pudiese acaecer, ni consideraban el gran poder de Dios, que aunque por algún tiempo permita los semejantes crueles tiranos para castigo de los pecados de los hombres, al fin los castiga y da el pago que sus crueldades y malas obras merecen; y menos se acordaban que, aunque su majestad el rey don Felipe, nuestro señor, esté con su persona lejos de estas partes de los indios, tiene en ellas muchos y leales servidores y ministros, y que por el nombre es y ha de ser acatado y reverenciado de los buenos y temido de los malos en todas y en las más lejanas partes del mundo.

Partidos deste pueblo de los Bergantines, fueron aquel día a otro pueblo desta misma provincia, y desde allí fue la armada por un brazo del río que va sobre mano izquierda, desviándonos de la tierra firme de mano derecha, que siempre habíamos costeado; y esto hizo el perverso traidor por nos apartar de la noticia y poblazón de Omagua que, según teníamos relación, estaba en la tierra firme de mano derecha; y esto hizo el tirano Lope de Aguirre y otros de su opinión, pareciéndoles que, si acaso tomásemos tierra buena, que nos tomaría deseo de poblarla, y se estorbaría la mala pretensión y propósito. Y a cabo de tres días y una noche que caminamos por los brazos de mano izquierda, todos despoblados, dimos en un pueblo de pocas casas y muchos mosquitos. El pueblo es pequeño y tierra anegadiza, y las casas cuadradas y grandes, por la mayor parte, y cubiertas con paja de sabanas; hasta aquí no las vimos. La gente deste pueblo nos sintió y se huyeron todos. Hallamos en este pueblo algún maíz y cacabi y pescado asado en barbacoa, y se tomaba mucho con anzuelos. Los indios vinieron a rescatar con nosotros. Son desnudos, y tienen las mismas armas que los de arriba. Y porque la gente venía fatigada de hambre, y porque un Alonso de Montoya había ido por otro brazo a buscar comida con cierta gente en canoas, y porque era Semana Santa, determinaron los tiranos y su gente parar allí ocho días, por esperar al dicho capitán Montoya, y porque la gente se reformase de la hambre pasada. En este pueblo tuvimos la Pascua de Resurrección. Mató aquí el tirano Lope de Aguirre a Pero Alonso Casco, alguacil mayor que había sido del gobernador Pedro de Orsúa, porque dijeron que, enojado el dicho Pero Alonso porque los tiranos no habían hecho caso dél, ni héchole su capitán, como a otros, lo cual él deseaba, dijo, hablando con un Villatoro, asiéndose de las barbas, un verso latino que dice: audaces fortuna juvat, timidosque repellit; que quiere decir: «A los osados favorece la fortuna, y a los temerosos abate», y no faltó quien lo oyó y se lo dijo a Lope de Aguirre, e hízolo dar garrote al dicho Pero Alonso, y asimismo al Villatoro; y sabido por su príncipe don Fernando, envió a mandar que no los matasen; y así escapó el Villatoro, porque entonces, cuando llegó el mandato de don Fernando, ya el Pero Alonso estaba ahogado. En este pueblo quitaron el cargo de alférez a Alonso de Villena, que habemos dicho que tenía este cargo desde que mataron al buen general Pedro de Orsúa, poniendo algunos objetos en la persona del dicho Villena, diciendo que había sido mozo de algunos en Perú, y que aquél era muy preeminente cargo, y que se había de dar a un hombre muy principal, y don Fernando hizo al dicho Villena su maestresala, y por entonces no se dio el dicho cargo de Alférez a ninguno.

Pasada la Pascua de Resurrección, partimos deste pueblo y caminamos otro día, y a la tarde dimos en otro pueblo de indios, mayor que ninguno de los que hasta aquí habíamos topado, porque tenía más de 2 leguas de largo; las casas en renglera una a una, prolongadas por la barranca del río, y los indios se habían huido del pueblo, y nos habían dejado las casas con infinita comida de maíz. Estos indios andan desnudos del todo; tienen las mismas armas de los de arriba; sus casas son cuadradas y pequeñas, cubiertas de hojas de caña. En las espaldas deste pueblo, un tiro de ballesta de la barranca del río, hay una laguna o estero grande, de que asimismo va prolongado el pueblo por las espaldas, de manera que este pueblo está como en una muy larga y angosta isla. Es casi toda la tierra anegadiza, sino solamente las casas y algunas sementeras pequeñas junto a ellas. Hay aquí muchos mosquitos zancudos, y mucha comida, y hay un género de vino que los indios beben, confeccionado con muchas cosas. Ponen los indios a madurar en tinajas grandes, algunas de veinte arrobas y más, una manera de mazamorra espesa, y en estas tinajas hierve a manera de vino de España, hasta que está hecho: entonces lo sacan y cuelan, echándolo alguna agua y beben dello. Es tan fuerte, que emborracha si no lo templan con agua harta. Tenían los indios en este pueblo grandes bodegas dello, y los españoles y negros e indios del campo se lo bebieron en pocos días. Todo es sabroso, y la color de vino aloque. Después que nos aposentamos en este pueblo, nos vinieron los indios de paz, y se nos mostraron muy familiares, y rescataban con nosotros gran cantidad de pescado, tortugas y puercos de monte, y algunos manatres y otras cosas; y aún se alquilaban para moler maíz y otras obras, y andaban sin ningún miedo entre nosotros, y se metían en nuestros ranchos, y, por mejor decir, en sus casas, adonde estábamos aposentados. Eran sutilísimos ladrones, que de noche nos hurtaban debajo de la cabeza la ropa y armas, y otras muchas cosas. Estaban tan hechos al rescate, que aunque los soldados, por causa de los hurtos que hacían, los arcabuceaban y mataban y prendían algunos no por eso dejaban de venir a rescatar los que dellos habían prendido los españoles, con manaves y comida. Había en este pueblo mucha madera de grandes vigas, que los indios tenían recogidas; era todo cedros para hacer sus canoas. Aquí determinaron los tiranos y su príncipe de alzar y echar una cubierta a los bergantines, por el buen aparejo que de comida y madera hallaron, y porque pareció a la gente de la mar que así convenía; lo uno, porque ensanchaba alzando los bordos, y cabían más holgadamente la gente toda, y lastrarlos, porque iban más seguros para la navegación de la mar.

Alojose aquí el campo muy dividido, y más por causa de estar las casas del pueblo, como habemos dicho, prolongadas de una en una por la barranca del río. Había de un cabo a otro de lo que ocupaba el campo más de un cuarto de legua el río abajo. En los postreros bohíos se aposentó su negro príncipe con su casa y oficiales y gentiles hombres, y cabe él los más capitanes, y en el medio el tirano Lope de Aguirre, maestre de campo, y junto a él los bergantines, para hacer dar prisa a la obra, y de allí para adelante toda la más gente. Empezose la demás obra de los bergantines con mucho cuidado: trabajaban en ella los oficiales y negros y españoles, repartidos, como arriba se ha dicho. Tardose en hacer lo que a los dichos bergantines faltaba un mes. En este asiento, arrepentidos ya don Fernando y los más de sus capitanes de haber muerto a su buen gobernador Pedro de Orsúa, y viendo el mal camino que llevaban, deseando ver si podrían remediar su perdición, entraron un día en consulta, sin llamar a ella a Lope de Aguirre ni a ninguno de sus amigos, y acordaron segunda vez de buscar la tierra y poblarla; y como para hacer esto el mayor estorbo que tenían era Lope de Aguirre, y algunos de sus compañeros que deseaban la guerra del Perú, acordaron que debían matarlos, y fue opinión de los más que fuese luego sin salir de allí, enviándolos a llamar a aquella consulta, antes que lo sintiese; pero un Alonso de Montoya fue de parecer que lo debían guardar para mejor coyuntura, porque Lope de Aguirre tenía consigo siempre muchos amigos, y que sería mejor, pues ya faltaba poco para acabar los bergantines, cuando fuesen navegando, y el Lope de Aguirre, como solía, iba a visitar a don Fernando a su bergantín, y que allí lo podían matar a su salvo, sin daño ni peligro dellos ni de otros; y esto le pareció bien a su príncipe, que aborrecía el peligro; y con esta determinación se salieron desta consulta, encomendando el secreto a todos los della; pero el tirano Lope de Aguirre se dio más prisa a acabarlos a ellos, como se dirá.

III. Muerte de don Fernando de Guzmán

En este comedio, el tirano Lope de Aguirre, maese de campo, entendía en allegar amigos y hizo una compañía de cuarenta hombres de sus amigos mayores, y los más bien aderezados y armados del campo, y toda la demás gente se repartió asimismo igualmente entre los demás capitanes de su príncipe, sin que unos tuviesen más soldados que otros. Con estos cuarenta soldados y amigos de su compañía, y con otros muchos que cada día se le allegaban de las demás compañías al tirano Lope de Aguirre, a quien él daba las mejores armas del campo dellos, las espadas, arcabuces; y a los que él no tenía por tan amigos les quitaba las armas, que fingía que eran descuidados, o que habían hecho delitos, y les daba a los dichos sus amigos; y éstos eran los herederos universales y forzosos de todos los que en el campo morían y él mataba. Y con esto comenzó este tirano a ensoberbecerse de manera, que no quería que su príncipe le fuese en cosa a la mano, que él lo quería hacer y ordenar todo a voluntad. Quiso aquí matar a un Gonzalo Duarte, mayordomo mayor de su príncipe, por ciertos enojos, y porque había pedido a su príncipe una provisión para que Lope de Aguirre, maese de campo, ni otros oficiales, no tuviesen cuenta con él ninguna, ni él fuese sujeto a ellos para cosa ninguna, sino solamente a su príncipe; y él se la dio; y el Lope de Aguirre; enojado dél de muchas cosas, y más de esta exención que procuró, le prendió para le matar, y su príncipe se lo quitó; y el tirano, muy enojado y bravo, se tendió en el suelo, y decía a su príncipe que le diese su preso, que le quería castigar y hacer justicia; y que no se levantaría de allí si no se lo daba. Y sacó de la vaina la espada, y dijo que con aquella le cortase la cabeza antes que estorballe aquello que convenía a su servicio; y él le dijo que se fuese, que él se informaría de aquello y haría justicia. Y luego los capitanes del campo se metieron de por medio y los hicieron amigos al dicho Lope de Aguirre y Gonzalo Duarte. Y en estas amistades se descubrió una cosa que hasta allí no se había sabido, y fue que el Gonzalo Duarte, deseando el amistad de Lope de Aguirre, para le traer a ella, le echaba cargo, y le dijo públicamente que bien sabía Lope de Aguirre, que en los motines había tratado con él que matasen a Pedro de Orsúa y hiciesen general a don Fernando de Guzmán, y que Lope de Aguirre había de ser su maese de campo, y al Gonzalo Duarte le prometió hacer capitán, y que aunque no se había efectuado, él lo había tenido tan secreto que nadie allí lo había sabido. A lo cual Lope de Aguirre respondió que decía verdad, y así, se abrazaron y fueron amigos. Y si esto que aquí se descubrió fue verdad, como ellos lo platicaron, ciertamente fue gran maldad del Gonzalo Duarte no avisar a Pedro de Orsúa, que le tenía por muy amigo y hacía mucho caso dél en su campo; pero él paró mal como se contará adelante. En este comedio, poco antes que se acabasen del todo los bergantines, hubo ciertas pasiones entre Lope de Aguirre y el capitán de la guardia de su príncipe, que era Lorenzo de Calduendo, el cual se había amancebado con doña Inés, que habemos dicho que fue amiga del gobernador Pedro de Orsúa, y tenía asimismo por comadre, y aún por más, a una doña María de Sotomayor, mestiza; y por los lugares destas mujeres, y por ciertos colchones que querían llevar en los bergantines, el maese de campo no quería, que decía que ocupaban mucho, por lo cual, enojado el Lorenzo de Calduendo, dicen que dijo delante de las mujeres, arrojando una lanza que tenía en la mano: «¡Mercedes me ha de hacer a mí Lope de Aguirre! ¡vivamos sin él pese a tal!». Juntose con esto que la dicha doña Inés dicen que había dicho un día antes, estando enterrando una mestiza que se le había muerto: «Dios te perdone hija, que antes de muchos días ternás muchos compañeros». Todo lo cual dijeron al tirano Lope de Aguirre; y por esto, y porque entre ellos hubo malos terceros, el maese de campo determinó de matar a Lorenzo de Calduendo; y juntando para ello sus amigos, tuvo dello noticia su príncipe, y envió a llamar a Lorenzo de Calduendo. Sabido dél lo que pasaba, envió a Gonzalo Guiral de Fuentes, su capitán, para que hablase y apaciguase a Lope de Aguirre. El Gonzalo Guiral topó en el camino a Lope de Aguirre con todos sus amigos armados, que venían a matar a Calduendo, y no le pudo apaciguar porque iba muy bravo y eno-jado. Halló al dicho Calduendo con su príncipe rogándole que lo defendiese de Lope de Aguirre y que apellidase su gente. El maese de campo no les dio ese lugar, que, delante de su príncipe, le mató a estocadas y lanzadas, sin le tener respeto, ni dársele nada dél, aunque le rogaba y mandaba que no lo hiciese. Y luego mandó a un sargento suyo, llamado Antón Llamoso, y a un Francisco de Carrión, mestizo, que fuesen a matar a doña Inés; los cuales fueron y la mataron a estocadas y cuchilladas, que era gran lástima vella, y robáronle cuanto tenía. Muerto Lorenzo de Calduendo, el tirano dijo a su príncipe muchas desvergüenzas, en que le dijo que no se había de fiar de ningún sevillano; que mirase por sí, que le haría lo mismo, y que de ahí adelante, si lo llamase a consulta de guerra, que había de llevar consigo cincuenta amigos bien armados; y que a él le valdría más gustar de los guijarros de Pariacaca, que comer los buñuelos que le daba Gonzalo Duarte, su mayordomo, y otras cosas. Pasado este enojo, el tirano Lope de Aguirre quiso y procuró aplacar a su príncipe, y le dio algunas causas y disculpas porque había muerto a Lorenzo de Calduendo delante dél, diciendo que, pues él había querido matar a un tan buen y leal servidor de su excelencia, que no le debía pesar, pues él estaba vivo para le guardar y servir más fielmente que ninguno. Pero su príncipe, a más no poder, mostró quedar satisfecho, sin estarlo, antes, desde aquel día anduvo siempre espantado y demudado el rostro; y el maese de campo siempre buscaba y allegaba más amigos, andaba siempre acompañado de más de sesenta hombres armados, y publicaba que lo hacía por guardar a su príncipe; pero ambos vivían bien recatados y temían uno de otro. Díjose por cosa cierta que un Gonzalo Guiral de Fuentes, capitán de don Fernando, y otro Alonso de Villena, su maestresala, que habían estado en la consulta que arriba se ha dicho, en que su príncipe y capitanes trataban de matar a Lope de Aguirre, viéndole muy pujante de amigos, secretamente le avisaron dello, por lo cual se apresuró en matar a su príncipe, aunque antes desto ya él lo tenía determinado. En este tiempo envió a llamar su príncipe a Lope de Aguirre, y él respondió que ya no era tiempo, y no quiso ir a su llamada.

Acabados del todo los bergantines, ya que se querían partir de aquel pueblo, determinó el maese de campo de matar a su príncipe y a todos los capitanes de la consulta arriba dicha, para lo cual juntó la más gente que pudo una noche, así de sus amigos como de otros, diciéndoles a todos que quería castigar ciertos capitanes que hacían motín contra su príncipe. Y para que su príncipe, que estaba, como se ha dicho, bien descuidado del intento de su maese de campo, no pudiese ser avisado desta junta de gente, mandó echar un bando que, so pena de la vida, todos los que tuviesen canoas las trajesen aquella noche a su posada; y puso en unos pasos ciertas guardas para que ni por tierra ni por el río no supiese nada su negro príncipe; y luego, a prima noche, fue a matar al capitán Alonso de Montoya, y al almirante Miguel Bovedo, que estaban bien descuidados en sus posadas; y allí los mataron, casi sin que nadie lo sintiese, a estocadas y lanzadas. Mató primero a éstos, porque estaban alojados a la parte de arriba del campo, de manera que entre ellos y su príncipe estaba el tirano Lope de Aguirre alojado; y porque éstos, entretanto que él iba a matar a su príncipe y a los demás capitanes que posaban abajo, no le hiciesen algún estorbo; y en acabándolos de matar, quiso ir a matar a su príncipe, como lo tenía determinado, y repartió sus amigos de manera que a cada diez o doce dellos dio cargo de que, nombradamente, matasen a uno de los que él quería; pero sus amigos se lo estorbaron diciendo que no era entonces tiempo, que hacía la noche muy oscura y que ellos unos a otros se matarían, sin se conocer. Estuvo el tirano toda aquella noche bien apercibido él y sus amigos, velando en los bergantines, y metidos dentro en ellos la munición, remos y hato, para que si su príncipe lo supiese y juntase gente, y él viese que no podía salir con su intención, irse con los bergantines y con sus amigos que tenía dentro, y dejar allí a los demás aislados, sin navíos ni canoas en que le pudiesen seguir. Tuvo toda aquella noche guardas en los caminos que no dejasen pasar a nadie que pudiese dar aviso; y púdolo muy bien hacer, porque el asiento del campo era, como se ha dicho, isla y bien angosta, y con las crecientes estaba casi anegada, y había pasos muy estrechos que con facilidad se podían guardar; y con todo esto, casi nadie de los que tenía consigo no sabía que quisiese matar a su príncipe sino a solo los capitanes. Y otro día, en amaneciendo, dejando guarda en los bergantines, fue con todos sus amigos a casa de su príncipe, que desto estaba bien descuidado; y toda la gente que en el camino topaba llevaba consigo, y decía a todos que iba a castigar ciertos amotinados, y que al príncipe, su señor, todos le guardasen y acatasen con la reverencia posible. Solamente había comunicado con un Martín Pérez, sargento mayor, y con Juan de Aguirre, sus muy grandes amigos, que, a vueltas de los otros, le matasen también al don Fernando. Y de camino antes de llegar a la posada de su príncipe, mató este cruel tirano, con sus propias manos, a un clérigo de misa, llamado Alonso de Enao, el cual halló echado en su cama, y le dio una estocada que le pasó todo el cuerpo y la cama, hasta hincar la espada en la barbacoa; y sin se detener más, fue a gran prisa a casa de su príncipe, el cual estaba en la cama, y al ruido que traían, ya que llegaban a la puerta, se levantó en camisa, y viendo a su maese de campo delante, dicen que le dijo: «¿Padre mío, qué es esto?», y el tirano le dijo que se estuviese quedo; y él y sus amigos mataron al capitán Miguel Serrano, y a Gonzalo Duarte, y a un Baltasar Toscano, y a las vueltas, los dichos Martín Pérez y Juan de Aguirre mataron a su príncipe don Fernando a estocadas y arcabuzazos; y así feneció la locura y vanidad de su Principado, y pereció allí la gravedad que había tomado, y todas sus cuentas le salieron vanas.

Fue este don Fernando de Guzmán natural de Sevilla; según dicen, era hijo del veinticuatro Esquivel, y de doña Fulana de Guzmán. Era hombre de buena estatura, bien hecho y formado de miembros, y sería de edad de veinticinco o veintiséis años, o poco más o menos. Era en alguna manera gentil hombre, de ánimo reposado, y aun descuidado. Era virtuoso y enemigo de crueldades; no consentía que sus capitanes matasen a nadie; estorbó muchas muertes y daños en su campo. Fuera desto, era vicioso y glotón; amigo de comer y beber, especialmente frutas y buñuelos y pasteles, y en buscar estas cosas se desvelaba; y cualquiera que le quisiese tener por amigo, con cualquiera destas cosas fácilmente lo podría alcanzar y traerle a su voluntad. Fue demasiadamente ingrato a su gobernador Pedro de Orsúa, que siempre lo había honrado y tenido en mucha reputación, y héchole su Alférez general, que era el mejor cargo de su campo, y él lo mató por sola ambición. Durole el mando en la tiranía con nombre de general, y después de príncipe, casi cinco meses, que en ellos no tuvo tiempo de se hartar de buñuelos y otras cosas en que ponía su felicidad, que fue desde primero de enero de 1561, que mataron al gobernador, hasta 22 de mayo del dicho año, que el tirano y sus amigos le mataron a él.

Habiendo, pues, el tirano Lope de Aguirre muerto los que habemos dicho, que fueron por todos siete, con los dos de la noche antes, y entre ellos a un clérigo y a su príncipe, juntó toda la gente en una plaza, y él, bien rodeado y guardado de más de ochenta de sus amigos, muy bien armados, y les dijo a todos que nadie se alborotase por lo que habían visto, que aquellas eran cosas que la guerra causaba, y que porque su príncipe y los demás no se había sabido gobernar, habían muerto; y que no quería dello tratar más, sino que les rogaba que lo tuviesen por amigo y compañero, y que entendiesen que de allí en adelante iría la guerra derecha, y acabó llamándose general. Dio luego nuevos cargos y oficios: a Martín Pérez, que antes era Sargento mayor, hizo luego maese de campo; y Juan Gómez, calafate, Almirante de la mar; y a un Juan de Guevara, comendador de Rodas, que había sido capitán de su príncipe y Diego de Trujillos, un su amigo, la tuvo y se la dio, que éste antes era su Alférez; y a Juan de Guevara prometió que, en llegando al Nombre de Dios, le daría 20.000 pesos para que desde allí se fuese a España. Hizo a un Diego Tirado capitán de a caballo, el cual, contra su voluntad, en alguna manera mostró no quererlo aceptar, aunque después se señalaba en dar contento a Aguirre cuando estaba en la isla Margarita. También hizo a otro, Nicolás de Cocaya, capitán de su guardia: quitó la vara de alguacil mayor a Juan Álvarez Cerrato, y diola a un Carrión mestizo, y casado en el Perú con una india; y dejó con las conductas de capitanes a Pero Alonso Galeas y Alonso Pizarro, que de antes lo eran de su príncipe: quitó la capitanía a Gonzalo Guiral. Mandó luego echar un bando por todo el campo que, so pena de la vida, nadie de allí adelante hablase secreto ni echase mano a espada ni a otras armas delante dél, ni en el escuadrón, y se estuvo en el bergantín dos días, que allí se detuvo con todos sus amigos y de su guardia, sin salir dél.

Desde a dos días que los tiranos mataron a su príncipe, salieron de aquel pueblo o asiento, y caminamos por el río abajo ocho días y siete noches sin parar. Pareciéronse aquí, sobre la mano derecha, una cordillera no muy alta, de cabañas y sierras peladas. Había en esta cordillera grandes humos, y divisábanse algunas poblaciones de la orilla del río. Allí decían las guías que estaba Omagua y la buena tierra que siempre ellos nos habían dicho. Mandó que nadie hablase con las guías. Pasamos algo desviados por el otro brazo del río, que se iba desviando el tirano. Aquí vimos grandes poblaciones, y luego dimos en islas de indios flecheros; y las primeras piraguas saltaron en un pueblo donde hallamos muchas iguanas atadas en las casas de los indios; y más abajo se nos juntó el barco que venía sobre mano derecha, que habíamos dejado arriba. Vimos asimismo por aquí, sobre mano izquierda, otra cordillera de cabañas y tierras peladas; aunque por allí no nos pareció que habría poblaciones como en la mano derecha. Estas dos cordilleras, una de una banda y otra de la otra, hacen por aquí recoger algo del río, aunque no tanto que no sea incomparable su anchura y grandeza. A cabo deste tiempo dimos en un pueblo grande de indios, que está sobre mano derecha en una barranca muy alta del río. Son estos indios desnudos y flecheros; son caribes; llámanse los Arnaquinas, son bien dispuestos: tienen hierba muy mala, y casas de adoratorio para sus ritos y sacrificios; y a la puerta de cada casa destos hay dos sacrificaderos, adonde nos pareció que deben de degollar los indios que sacrifican. En el uno está pintado en una tabla un Sol y figura de hombre, a los hombres; y en el otro que tiene pintada la Luna y una figura de mujer, a las mujeres. Están todos llenos de sangre humana, a nuestro parecer, y esto sacamos por conjeturas, que no tuvimos a quién lo preguntar, por falta de lengua. Hallamos en este pueblo pedazos de una guarnición de espada, y clavos y otras cosillas de hierro. A la llegada deste pueblo, envió el tirano más de treinta hombres delante, en canoa y piraguas, y los indios esperaron a la orilla del río con sus armas. Dijeron que esperaban de paz, porque no hicieron muestra de pelear; mas los de las canoas les tiraron muchos arcabuzazos, hirieron y mataron algunos, y ellos se huyeron sin pelear ni tirar flecha, y dejaron el pueblo con todo lo que en él tenían, que no sacaron cosa de sus casas. No se pudo tomar más de un indio y una india, y al indio hirieron con una de sus propias flechas, para saber si era la hierba ponzoñosa; y otro día, a aquella hora, murió, sin haberle dado más heridas de cuanto sacó sangre. Después que los indios hubieron puesto todas sus mujeres e hijos en cobro, venían cada día a la redonda del pueblo, pero no nos osaron acometer; y después se tomó otro indio, y le dio el tirano una o dos hachas o machetes y otras cosillas; y por señas le envió a que hablase a sus compañeros que viniesen de paz y que no se les haría mal. Enviáronnos los indios dos mensajeros, el uno cojo de un pie, y el otro contrahecho de un lado, y traían sendos papagayos y un poco de pescado, y por señas nos dijeron que los indios venían luego todos de paz; pero luego nos fuimos sin esperar más. Tienen estos indios tierra alta y llana, no ahogadiza, y cabañas entre una montaña muy rala de alcornocales. Este pueblo está en la tierra firme de mano derecha.

Hallose en este pueblo gran cantidad de maíz, colgada en manojos, y mucha yuca brava en las sementeras, y en las casas mucha cantidad de hamacas de red, y muchas redes de caza, y otros muchos cordeles y sogas, de que hicimos la jarcia. Hallamos muchos palos cortados para mástiles y entenas, y muchos cántaros y tinajas para el aguada cuando saliésemos a la mar, y todo en harta abundancia; y hiciéronse en este pueblo las velas de los navíos, de mantas y sábanas de Ruan y otras cosas de lienzo, que se recogieron entre los españoles e indios del campo. En este pueblo reconocimos la marea que sube hasta él, y aún se creyó que mucho más arriba antes del pueblo, que serán más de 200 leguas antes de llegar al mar. Cuando llegamos a este pueblo, se nos huyeron las guías que traíamos desde el Perú, que eran ciertos indios brasiles, de los que se ha dicho que subieron por este río; por donde nos pareció que los dichos indios deste pueblo sean de los dichos brasiles, que debe de estar cerca de ellos, porque de otra manera no se osaran huir las dichas guías entre indios que comen carne humana. Detuvímonos en este pueblo quince días haciendo la jarcia y enmastilando los navíos. En este tiempo mató el tirano a un Monteverde, flamenco, porque le pareció que andaba tibio en la guerra, y amaneció un día muerto, y puesto un rótulo en el pecho que decía: por amotinadorcillo. Y después algunos quisieron decir que Monteverde era luterano. Mató, al tiempo de la partida deste pueblo, a un Juan de Cabañas, y mató asimismo a un capitán, Diego Trujillo, y a Juan González, sargento mayor, a los cuales había dado los cargos cuando mató a su príncipe. La causa, según dijeron, de su muerte, fue porque llegaban amigos, y el tirano se temió dellos, aunque echó mano que le querían matar. Muertos los dichos, hizo su capitán, en lugar del Diego Trujillo, a un Cristóbal García, calafate, y Sargento mayor a un Juan Tello. Todo el tiempo que se detuvieron en este pueblo estuvieron los tiranos sin salir de los bergantines, con su guardia y amigos; en el uno su maestre de campo, y en el otro el tirano Lope de Aguirre, y no dejaban dormir ni estar dentro a ninguno de los sospechosos. Al salir de aquí, desarmó toda la gente que le pareció sospechosa, quitándoles las espadas y arcabuces; y todos sus amigos y los de su guardia iban armados, y las armas que aquí tomó, las llevaba liadas con muchas sogas en un alcazarete que había en la popa del navío, donde no consentían llegar a ninguno que no fuese de la guardia, o muy grande amigo de los dichos tiranos. Aquí, por consentimiento del tirano y voluntad, y con su licencia, hirió a traición un fulano Madrigal a un fulano López Cerrato, alguacil mayor que había sido de don Fernando, porque mucho antes desto, dicen que el Juan López había afrentado al dicho Madrigal; y diole con un lanzón cuatro o cinco heridas por detrás, al bajar que bajaba del bergantín donde estaba el tirano, y delante dél; y el tirano hizo cierto ademán de prender al dicho Madrigal, porque pareciese que no había mandado, y luego le soltó; y estando el Juan López Cerrato casi sano de las heridas, los que le curaban, por mandado del tirano, le echaron cosas con que se pasmó y murió.

Partidos deste pueblo que nosotros llamamos de la Xarcia, fuimos por el río abajo cinco o seis días, y yendo navegando, mandó este tirano a un su Sargento, llamado Antón Llamoso, que matase al comendador Juan de Guevara. La causa fue, porque dijo que era también en el motín con Diego Trujillo y Juan González, al cual Comendador el dicho Llamoso le dio con una daga tres o cuatro puñaladas, estando descuidado al bordo del navío, y lo tomó por la horcajadura y lo echó al río, y murió ahogado, pidiendo a voces confesión; y el tirano lo miraba con mucho placer, y en juntándose con el bergantín, lo contó a la gente dél. Llegamos a unas casas fuertes que por allí tienen los indios, hechas de barbacoa, altas y cercadas de tablas de palma, y en lo alto tienen troneras para flechar; y desde allí nos hirieron los indios cuatro o cinco españoles, de veinte que se habían adelantado con un caudillo, y los hicieron retirar, y cuando llegó el armada a esta casa, ya los indios se habían huido. No hallamos comida alguna ni en las casas, ni sementeras: a lo que nos pareció, estos indios se sustentan con solo pescado, o que con ello rescatan la demás comida. Entre otro, hallamos aquí sal cocida, que fue la primera que vimos en todo el reino desde los Caperuzos hasta aquí, que serán 1.300 leguas, que ni los indios la conocen ni comen. En esta casa nos detuvimos tres días, arreglando algunas cosas que faltaban a los bergantines. Esta casa está metida en un estero arriba pequeño, desviado de la madre del río como hasta tres tiros de arcabuz, y es isla. Al salir que queríamos de aquí, parecieron en el río muchas piraguas e indios, que según algunos, serían más de ciento, con muchos indios de guerra. Pensamos que nos venían a acometer, y apercibímonos de guerra, y ellos se desviaron de nosotros, y salimos a ellos; pero como estábamos en aquel estero tan arriba, cuando llegamos a la madre del río se habían desaparecido, y nunca más los vimos, ni supimos dónde tenían sus poblazones.

Partidos de aquí, anduvimos perdidos entre muchas islas y brazos del río, que no sabíamos hacia dónde corría, porque las corrientes, con las mareas, eran tan grandes y tan continuas arriba como abajo, y los pilotos y gente de la mar que allí había estaban desatinados y no entendían el río ni conocían las mareas. Salieron ciertos dellos en dos piraguas que llevábamos, a reconocer unas puntas, y a cabo de muchas dudas y pareceres, que unos decían que habían de ir a un cabo y otros a otro, fue Dios servido que acertamos a caminar. Dimos en un pueblo de indios, pequeño, que estaba poblado en una isla de sabana, en la barranca del río. Los indios deste pueblo nos salieron de paz y rescataron con nosotros. Son estos indios desnudos, y traen en los pies unas suelas de cuero de venado, atadas con cuerdas, a manera de las otras del Perú. Traen estos indios los cabellos cortados a líneas redondas, a manera de corona de frailes, salvo que este espacio de corona está lleno de cabellos. En este pueblo dejó el cruel tirano casi cien piezas ladinas y cristianas, de las que habían quedado de servicio que se trajeron del Perú, diciendo que no cabían en los bergantines, y que era peligro ir por la mar tanta gente, y que para tantos faltaría el agua y comida. Fue ésta una gran crueldad, y puso gran lástima, principalmente porque creemos que aquellos indios son caribes, y luego los matarían para comer, y si no, la tierra, que es mala y enferma, los acabaría presto a todos. Aquí mató el tirano dos soldados, el uno llamado Pedro Gutiérrez y el otro Diego Palomo, porque estando el uno hablando con el otro, dijeron: «Las piezas nos dejan aquí; hágase lo que se ha de hacer», y de que habían dicho estas palabras, dio el tirano, para satisfacción de toda la gente, un negro, portero, el cual dijo delante de todos que se lo había oído, y a ellos les mandó dar garrote; y el Diego Palomo rogaba al tirano, por amor de Dios, que no lo matase y lo dejase vivo con las piezas del Perú que allí quedaban, que se haría ermitaño y las recogería y doctrinaría; pero el perverso tirano, que no curaba de cristiandad, no lo quiso hacer, y lo mató. Partidos deste pueblo, a veces perdiéndonos y a veces acertando, llegamos a la mar, sin hallar más poblado ni indios, aunque desde aquí, en la cordillera que he dicho de la mano izquierda, vimos grandes humos y sabanas; y antes de llegar a la mar, pasamos grandes trabajos de peligros y tormentas y macareos; y pasamos por muchos bajos y blancos que el río hace a la boca de la mar; tanto, que algunas veces pasaban los bergantines topando por sola media braza de agua, sino que fue Dios servido que fuese la tierra toda legaños muy blandos; y así pasaban arrastrando por aquel lodo, que fue maravilla no hacerse pedazos. Quedáronsenos por aquí tres mozos, uno español y dos mestizos, que iban en una piragua que llevábamos, y la tormenta del río los arrebató y los volvió hacia arriba, sin que fuesen parte para tomar tierra, hasta que los perdimos de vista, y nunca más los pudimos ver. Iban también con ellos otros indios cristianos, y en algunas islas se nos quedaron algunas yanaconas que salían a mariscar, porque la cresciente de la mar subía con tanta ferocidad que no les daba espacio para tornarse a meter en los bergantines, y creímos que los ahogaba. Desde la boca de este río a la isla Margarita estuvimos diecisiete días, de manera que, desde que nos echamos al río en el astillero con nuestro gobernador Pedro de Orsúa, hasta llegar a la Margarita, tardamos desde 26 de septiembre de 1561, que son diez meses; de los cuales caminamos por el río y la mar los tres meses y veinte días, que son ciento y diez jornadas, poco más o menos, noventa y tres o cuatro por el río, y las diecisiete por la mar. Todo el más tiempo, que son seis meses, nos detuvimos en hacer los bergantines y en buscar comida y descansar. Pasamos gran necesidad de hambre y sed por la mar, tanto, que creo, si nos durara la navegación cuatro o cinco días más, muriéramos la mitad de la gente, aunque no fueran de los amigos del tirano, que estos venían siempre mejor proveídos, y quitaban de los otros para dar a ellos, y con todo eso se nos murieron tres o cuatro soldados de hambre.

IV. Discursos del río Marañón

Tiene este río, según común opinión de los que se prescian entenderlo, más de 1.600 leguas desde sus nacimientos a la mar, digo desde donde nos echamos nosotros; y es tan grande y poderoso, que no se puede comparar con ninguno de los que hasta agora hay descubiertos. Anega en algunas partes, al tiempo de sus crescimientos, más de 100 leguas, fuera de su madre, y en él, tanta cantidad de mosquitos, especial de los zancudos, de día y de noche, que yo no sé cómo los naturales pueden vivir. Hasta que llegamos al pueblo de las Tortugas tuvimos pocos aguaceros, y creo yo que este tiempo debe de ser el verano, si lo hay, que es desde septiembre a Navidad. De allí para abajo nos llovió mucho, y vienen muchos aguaceros con muchos truenos, y ordinariamente con tanto viento, que causan en el río gran tormenta de olas, mayores que en la mar, que anegan las canoas y piraguas, si no se acogen con tiempo al abrigo de la tierra; y aun en los bergantines nos vimos algunas veces con tanto peligro, especialmente una noche, que nos pensamos anegar. Cuando llueve en los nacimientos de los ríos que en éste se juntan, vienen grandes avenidas que anegan y cubren toda la tierra a la redonda; y en el mes de septiembre, que nosotros comenzamos a abajar, ya las crecientes comenzaban a venir desde arriba; y en julio, que salimos a la mar, aún no había acabado de vaciar; por manera que duran todo el año, que como la distancia desde la mar a los nacimientos del río es tan grande, antes que las unas crescientes acaben de vaciar en la mar, tornan a venir otra vez de arriba; y tras ser el río muy cálido en demasía es enfermo su temple; y en lo más del río muy lindas vasijas obradas con gran pulicia, y pintadas y labradas de mil faiciones, y vidriado como lo de España. No vimos en todo el río oro ni plata, si no fue en lo que llamamos Carari y Macari, que algunos indios traían orejas y caricuris de oro; y en fin, los indios conocen el oro y plata, y lo tienen en mucho más que los otros metales, en que nos pareció que los indios deben tener noticia dello. Tienen buena ropa de camisetas muy labradas. Digo, estos indios desta provincia de Carari, en todo este río desde los Caperuzos hasta cerca de la boca de la mar, no hallamos, ni los indios la tienen, sal, ni la comen, ni conocen, ni se les da nada por ella. Acabadas de pasar las crescientes que vienen de arriba, hace el río muy grandes plazas, en las cuales se hallan tanta cantidad de huevos de tortugas y jicoteas, que no se puede numerar la multitud de tantos que con todos ellos se pueden sustentar mil hombres, si vienen en tiempo. Hay asimismo muchas tortugas y pájaros que se toman en las plazas a sus tiempos. Hay muy diversos y muchos pescados y muy sabrosos. Tienen más de mil islas cerca de la boca de la mar, y las más destas islas son anegadizas, y con la mucha agua de las crescientes de arriba y las mareas anega y cubre las dichas islas y gran parte de la tierra a la redonda; y acabadas las dichas islas, antes que entren en la mar, se junta todo por un brazo solo y entra en la mar. Conócese la marea más de 200 leguas arriba de la mar, y desque acaba de menguar junto a la mar, descubre tanta tierra e islas, que parece imposible que las haya de tornar a cubrir todo aquello que descubrió. Cuando comienza a crecer, viene la marea con tanta velocidad y ruido, que se oye más de 4 leguas, y con una ceja de agua levantada hacia arriba, más alta que una gran casa, que pone temor de muerte. Llámanle a esto la gente de la mar macareo, y es muy peligrosa cosa. Otras muchas cosas y grandezas se pudieran contar que por la brevedad las dejo.

V. Llegada del tirano a la isla Margarita

Llegó el tirano Lope de Aguirre con sus malditos secuaces a la isla de la Margarita, en la tarde, a 20 de junio de 1561 años, y los pilotos que traían no sabían el puerto principal, y tomaron los bergantines en diferentes puertos; y el en que venía el tirano Lope de Aguirre, tomó un puerto que llaman Paragua, el cual era 4 leguas del pueblo; y el otro bergantín en que venía su maese de campo, Martín Pérez, en otro puerto, a la banda del Norte, 2 leguas del otro, y otras 4 leguas del pueblo; y luego que tomó el puerto este tirano antes de saltar en tierra, mandó prender a un Gonzalo Guiral de Fuentes, que había sido capitán de su príncipe don Fernando, y a otro Diego de Valcázar que habemos dicho que fue Justicia mayor del campo de los dichos tiranos, que antes le habían querido matar y se había escapado; y a entrambos les mandó dar garrote sin confesión; y al Gonzalo Guiral, como no se ahogase tan presto, lo acabaron de matar con muchas puñaladas, porque daba voces pidiendo confesión, y porque no lo entendiesen ciertos vecinos de la isla que allí habían venido a reconocer qué gente era y los echaron en la mar. Luego, aquella tarde, envió el tirano un soldado, llamado Rodríguez, muy su amigo, que tal sería, se cree, para aquello, a su maese de campo, por tierra, con unos indios que le guiaban, y le envió a mandar que matase a Sancho Pizarro, que era su capitán, de quien el tirano tenía sospecha que no le seguiría; y así lo mató el maese de campo; y dejando alguna gente en el bergantín en guarda dél, con la demás gente, que luego el maese de campo viniese aquella noche a se juntar con el Lope de Aguirre con toda brevedad, por tierra; y así lo hizo, y lo avisó a su general, dónde y cómo había tomado puerto, y qué era lo que quería que hiciese: y el dicho soldado Rodríguez que envió el tirano, hizo bien y fielmente su embajada, y pudiera, si quisiera, dar aviso en la Margarita, pues fue con indios de la propia tierra más de 2 leguas; pero él no lo hizo, como gran traidor, y por ser fiel al tirano. Y luego, su maese de campo envió a un Diego Lucero a que dijese al tirano qué quería que hiciese, y también éste pudo dar aviso a los de la isla y vecinos della, y no lo hizo, antes hizo tan bien su embajada, como gran traidor y leal a su señor, el tirano, mostrando gran voluntad de ser gran amigo de los dichos tiranos. Y asimismo el maese de campo, en llegando en tierra, echó fuera del bergantín un Roberto de Cocaya, barbero, y a un

Francisco Hernández, piloto, sin consentir que nadie saliese con ellos; y los dichos fueron a buscar comida a unas estancias, más de media legua de allí, con unos negros. Fueron a hora de vísperas y volvieron a media noche con el dicho Rodríguez que lo toparon por el camino; y cualquiera destos cuatro que he dicho pudiera avisar al pueblo y vecinos de la isla, si quisieran, y el tirano se desbaratara luego y no hiciera el mal que hizo. También el tirano Aguirre, luego como llegó, echó en tierra diez o doce de sus amigos, y con ellos venía un Juan Gómez, calafate, su Almirante, los cuales fueron por las estancias y toparon vecinos de la isla, y no les dijeron lo que había. Y llegado el mensajero que enviaba el Lope de Aguirre al bergantín de su maese de campo, luego puso por obra lo que su general mandaba, y a media noche hizo saltar sobre toda la gente en tierra, y caminó con ella, con las guías que había traído consigo el Rodríguez, y luego, en desviándose del bergantín, mató a Sancho Pizarro y lo dejó muerto en el campo.

En este comedio, el gobernador y vecinos de la isla, habiendo visto los bergantines, andaban alborotados por no saber qué gente era, y enviaron una piragua por la mar, y gente por tierra a reconocerlos; y cuando llegaron, hallaron al tirano Lope de Aguirre desembarcando la gente enferma y algunos de sus amigos, y con él, según dicen, un Diego Tirado, su capitán de caballo, y la demás gente dejó en el bergantín debajo de cubierta escondida, y hablaron el tirano y sus amigos con dos o tres vecinos de la isla que allí vinieron, a los cuales dijeron y hicieron creer que eran gentes que venían perdidos del Marañón, y que habían bajado del Perú en demanda de cierta noticia, y pidiéronles carne para comer, con muchos ruegos y crianza; y los dichos vecinos mataron una o dos vacas y se las dieron; y uno dellos, llamado Gaspar Rodríguez, que le pareció el tirano más principal y de mejor plática y conversación, le dio, por asegurarle y engañarle, un capote de grana con franjas y pasamanos de oro, y una copa de plata sobredorada, y a él y a los demás dijo que no quería más de tomar la comida por sus dineros. Luego, aquella noche, se supo aquesta nueva en el pueblo, por cartas escritas de los dichos vecinos, y aún decían más, que era gente muy rica del Perú, y que venían enfermos y muertos de hambre, y que daban mucha plata y oro y joyas que traían, a trueque de comida, y que habían dado el capote y la copa al Gaspar Rodríguez. Y sabido lo susodicho en el pueblo de la

Margarita, don Juan de Villandrando, gobernador de la isla, movido, según dijeron, de codicia, deseoso de ver algunas joyas de las que dijeron que repartían los dichos tiranos, y con él un Manuel Rodríguez, alcalde ordinario, y otro Andrés de Salamanca, con el mismo deseo, partieron esa misma noche y a media noche para Guachi donde estaba el tirano Lope de Aguirre, y otro día muy de mañana, que fue martes de la Magdalena, llegaron allá con otros que en camino se les habían juntado, que irían también con la misma codicia, y el tirano los salió a recibir al camino, con su capitán Diego Tirado y otros sus muy amigos, de quien él se fiaba; y el dicho tirano se les humilló tanto hasta hincar la rodilla y abajarse a besar los pies al dicho don Juan, gobernador; y los que con él venían hicieron lo mismo; y a manera de los querer hacer servicio, les tomaron los caballos los que iban con el dicho tirano, y los ataron lejos de donde ellos estaban, y el gobernador don Juan tuvo grandes cumplimientos con el dicho tirano, ofreciéndose a su servicio y persona, y casa para que posase; y el tirano le respondió agradeciéndoselo mucho, con gran crianza y comedimiento. Y después que hubieron hablado un gran rato, Lope de Aguirre se desvió con sus amigos, y fue a hablar a sus soldados que estaban en el bergantín, y después volvió al dicho gobernador, y, haciéndole otro acatamiento como el primero, le dijo: «Señor, los soldados del Perú siempre se han preciado y precian más de buenas armas que de ropas y vestidos, aunque los tienen en harta abundancia. Suplican a vuestra merced les mande dar licencia para que lleven sus armas y arcabuces». Y el don Juan como era mozo, e iba con codicia de joyas, le respondió que fuese como ellos mandasen, aunque ya entonces, según decían, poco le aprovechaba otra cosa, porque ya estaba caído en el lazo, y el tirano, vuelto a sus soldados, les dijo: «Ea, marañones, limpiad vuestros arcabuces, que los traéis muy húmedos y maltratados de la mar, que ya tenéis licencia para ir con vuestras armas». Y luego, a aquella hora, dispararon gran salva de arcabucería, y parecieron muchas cotas y lanzones y agujas, y el tirano se fue a hablar con sus soldados; y el dicho don Juan y los que con él estaban se apartaron un poco, hablando entre ellos que les parecía mal tantas armas y arcabuces, y trataban en la manera que ternían para se las quitar. Y llegó otra vez el tirano a ellos, con ciertos de sus amigos, y les dijo, no con tanto acatamiento y como primero: «Señores, nosotros vamos al Perú, y somos informados que allí hay muchas guerras, y que aquí no nos han de hacer vuestras mercedes buen tratamiento, ni nos han de dejar pasar allá; por tanto, conviene que vuestras mercedes dejen las armas y sean presos, y esto no más de para que con brevedad se nos dé aviamiento». Y el dicho gobernador rehusó, y se retiró un poco, diciendo: «¿Qué es esto? ¿qué es esto?». Pero poniéndoles en los pechos muchas lanzas y arcabuces, les quitaron las armas y varas; y asimismo desarmaron y quitaron los caballos a algunos vecinos que allí estaban; y algunos soldados del tirano cabalgaron en ellos, porque yo los vi, que fueron Diego Tirado y Martín Rodríguez y Diego Sánchez Bilbao y un Roberto de Cocaya, y un Carrión, mestizo, y todos éstos iban diciendo a voces altas: «A tomar vamos la isla, que habemos preso al gobernador, y toda la tierra es nuestra». Y así fueron a tomar el pueblo de la Margarita, y a todos los que de la dicha isla topaban, desarmaban y quitaban las cabalgaduras; y luego, el dicho tirano mandó que toda su gente a gran prisa marchase camino del pueblo; y cabalgando el tirano en el caballo del gobernador, le dijo a él que cabalgase a las ancas, y el gobernador no quiso, como estaba enojado, y el tirano se apeó y dijo: «Ea, pues marchemos todos a pie». Y habiendo caminado un poco, toparon con el maese de campo, y a la gente que venía con el maese de campo y la gente del otro bergantín; y el dicho don Juan, cansado de venir a pie, viendo lo poco que aprovechaba enojarse, cabalgó a las ancas de su caballo, en que el tirano Lope de Aguirre venía, que le tornó a convidar que subiese; y desde a poco, se apartaron el maese de campo y otros soldados con él, todos a caballo y llegaron al pueblo de la isla a hora de medio día, adonde hallaron toda la gente descuidada y segura que no sabían nada de lo pasado, y entraron por una calle corriendo encima de sus caballos y apellidando: «¡Libertad! ¡libertad! ¡viva Lope de Aguirre!» y se metieron en la fortaleza que estaba abierta, y se apoderaron della; y otros fueron por el mismo pueblo con el dicho apellido, desarmando a cuantos hallaban; y desde a poco llegó el tirano Lope de Aguirre con la demás gente y presos, y él y otros muchos fueron con hachas a cortar el rollo de la plaza del pueblo, y le dieron muchos hachazos, y como era de guayacán muy duro, no lo acabaron de cortar que se cansaron y asimismo fueron a una casa donde estaba la caja Real, y sin aguardar ni pedir llaves, hicieron pedazos las puertas de una cámara donde estaba y la quebraron, y robaron lo que hallaron en ella, y rompieron los libros de las cuentas Reales; y hecho esto, el dicho tirano mandó echar bando que todos vecinos estantes y habitantes trajesen luego ante él todas las armas que tuviesen, so pena de muerte; y que los que estaban en el campo se recogiesen al pueblo, so la misma pena, y no saliesen dél sin su licencia; y luego trajeron a la fortaleza, de casa de un mercader, una pipa de vino, y en menos de dos horas se la bebieron toda.

En este mismo día envió el tirano por todas las casas del pueblo a saber qué mercaderías y vino y comidas había, y algunas cosas de las que hallaban tomaron luego, y las llevaron a la fortaleza para las repartir entre sí, y otras dejaban puestas por inventario en las casas que las hallaban encerradas, llevando las llaves, y mandaban que, so pena de la vida, no tomasen nada de aquello que allí dejaban; tomaban todas las armas que hallaban por las casas; hallaron y tomaron mucha cantidad de ropa y otras mercaderías que estaban por de su majestad, de un navío sin registro que habían tomado en la dicha isla, y todo lo repartieron entre ellos: hallaron la isla más rica que había estado después que se pobló de mercaderías y comidas, y los vecinos muy proveídos de cosas de sus casas, a la mayor parte de los cuales robaron los tiranos cuanto tenían, hasta dejarlos desnudos, que era gran lástima de verlos. Mandó luego este tirano buscar y recoger todas las canoas y piraguas que había en la isla, y quebrolas todas, y esto porque no se le huyese alguna gente y diese aviso de su venida.

Echó luego en prisión al gobernador don Juan de Villandrando, y a Manuel Rodríguez, alcalde, y a un Gaspar Plazuela, mercader, porque dijeron al tirano que había mandado huir y esconder un barco suyo que venía de Santo Domingo cargado, y lo quisieron matar, y lo hicieran si no viniera el barco. Algunos soldados que había en la isla, deseosos de chirinolas, se juntaron con los dichos tiranos y les ayudaban a robar y destruir la isla, y recibieron dél pagas, y le prometieron de salir con él, y le ayudaban en todo, y algunos mejor que sus amigos. Estos les descubrieron cosas que los vecinos tenían escondidas, que como eran de la tierra, no se les podía encubrir nada; y estos mismos les dieron aviso de un navío grande y bien artillado que estaba en la costa de tierra firme, que lo tenía un fray Francisco Montesinos, Provincial de los frailes dominicos, que estaba allí con cierta gente y tenía poblado un pueblo en Maracapana, entendiendo en la conversación de los indios por mandado de su majestad; y le dijeron al tirano que con facilidad y poca gente lo tomaría; y luego el tirano, con brevedad, despachó un capitán suyo, llamado Pedro de Monguía, con dieciocho hombres, que fuese a tomar el dicho navío, y llevaron por guía un negro de la isla, muy diestro en aquella costa; y en el camino tomaron el navío del Plazuela, que estaba preso, y un Casto Diego Hernández, portugués, con cuatro soldados se metió en él y lo llevó al tirano, y el Monguía, con solos catorce, siguió su viaje.

Mandó el tirano a los vecinos de la isla, que con brevedad le tuviesen seiscientos carneros y algunos novillos, y cacabi y maíz, para el matalotaje, repartiendo entre ellos cada uno tanto. Asimismo hizo repartimiento de todos sus soldados por las casas de los vecinos, para que en cada una diesen de comer a tantos. Comían de día y estaban en las casas, y él en la fortaleza con toda su guardia y amigos, y de noche dormían todos juntos cabe la fortaleza en una plaza, a la plaza de la mar, y el tirano, con los que he dicho, dentro de la fortaleza. Otro día mandó ahorcar sin confesión a un Enríquez de Orellana, que era capitán de la munición, porque estaba mal con él, y porque decían que se había emborrachado el día que entraron en la isla, y dio este cargo a Antón Llamoso, su Sargento. Tenía siempre gran guardia en su persona, y de noche en el pueblo y caminos había muchas centinelas y rondas y sobre-rondas de a pie y de a caballo, porque no entrase ni saliese nadie sin que él lo supiese. Hizo un parlamento a los vecinos de la isla, amonestándoles que no huyesen, porque no les quería hacer mal ni daño, sino que les pagaría lo que les había tomado y lo demás que tomasen. Y preguntó a cómo vendían las gallinas y ganados; y fuele dicho que las gallinas valían a dos reales; y díjoles que eran baratas, que las vendiesen a tres; y que el demás ganado y cosas lo pagarían a más precio que solía valer; y así, si compraba alguna cosa, no gastaba mucho tiempo en concertarse, antes liberalmente prometía por ella todo lo que pedían, como aquel que no pensaba pagarlo, mas de darles aquel contento.

Luego que desembarcó el tirano en esta isla, se le quedaron aquella noche huidos cinco soldados, deseosos del servicio de su majestad, que fue el uno Gonzalo de Zúñiga, y un Francisco Vázquez, y un Juan de Villa-toro, y un Pedrarias de Almesto, y un Castillo, por lo cual el dicho tirano andaba muy bravo y pateaba y amenazaba a don Juan, el gobernador que tenía preso, y a los vecinos de la isla, diciendo que ellos tenían escondidos los dichos soldados, y que si ellos querían, que no se les podían esconder en la isla, pues sabían toda aquella tierra; y prometió de dar por cada uno destos soldados que le trajesen 200 pesos, y otros prometimientos vanos. En este tiempo, a cabo de tres días que estaban en la isla, remaneció herido uno destos, que se decía Pedrarias de Almesto, que, según fue notorio que venían a tomar la isla, por no se hallar en la toma de la isla con los demás, se había huido por una montaña y se había escapado, y, viendo que no podía llevar adelante su huida, tomó por remedio de venirse al pueblo y decir que, por tener aquel prémulo, no se había hallado con ellos; el cual, sabido por el tirano, envió por él a un su Alférez, llamado para que, donde quiera que lo hallase, lo matase, y como llegó y le vido herido, creyó lo que le dijo Pedrarias, y por entonces no lo mató y lo llevó a las ancas de su caballo delante del tirano, adonde estuvo por matalle; y al fin fue Dios servido que lo dejó y amenazó diciendo que pasase aquélla, y que mirase por sí. Y así el tirano procuró luego de que le trajesen los otros cuatro soldados arriba dichos; y algunos vecinos de la dicha isla, movidos, por ventura, de codicia de la paga y de los ruegos de don Juan, su gobernador, que estaba preso y temeroso de la muerte, y por el provecho de su patria, a quien el tirano amenazaba con daños y destrucción, los fueron asimismo a buscar unos por una parte y otros por otra, y aun con mandamientos firmados del dicho gobernador, para que los prendiesen y trajesen al tirano; y como pusiesen gran diligencia en esto, hallaron a los dos dellos, al Castillo y Villatoro, y los trajeron presos al dicho tirano, y luego él los mandó colgar del rollo, sin confesión. Fue éste un mal caso, porque muchos soldados que venían contra su voluntad con los tiranos, que tenían gran deseo de se huir, no lo osaron hacer, porque ellos no sabían la tierra, y vieron que los vecinos de quien se pensaban favorecer traían y buscaban a los huidos. Al Francisco Vázquez y Gonzalo de Zúñiga, aunque pusieron gran diligencia en los buscar, nunca los pudieron hallar, y principalmente Dios que los ayudó. Este día mandó el tirano a ciertos amigos suyos matar a un fraile dominico que vido atravesar por la plaza, y compelido por ruegos de los de la isla lo dejó por entonces.

Decía este tirano que tenía prometido de no dar vida a ningún fraile de cuantos topase, salvo a los mercedarios, porque decía él que estos solos no se extremaban en los negocios de las Indias, y que había asimismo de matar a todos los presidentes y oidores, obispos y arzobispos y gobernadores, letrados y procuradores, cuantos pudiese haber a las manos, porque decía él que ellos y los frailes tenían destruidas las Indias; y que había de matar a todas las malas mujeres de su cuerpo, porque éstas eran causa de grandes males y escándalos en el mundo, y por una que el gobernador Orsúa había llevado consigo habían muerto a él y a otros muchos. Luego mandó quemar y echar al través los bergantines que había traído a la isla, porque no se fuese alguno en ellos a dar aviso de su venida, y esto por parecerle que tenía cierto el navío del fraile, porque había enviado a su capitán Monguía por él; y porque un vecino de la isla, llamado Alonso Pérez de Aguilera, se huyó del pueblo, fue el dicho tirano en persona con muchos soldados, así de sus marañones como de los que en la isla se les habían juntado, y le hizo destejar y derribar toda su casa, y le robaron cuanto tenía, y le mataron sus ganados. Y al séptimo u octavo día, de su llegada a la isla, mandó matar a un capitán suyo, de sus mayores amigos, llamado Juanes de Iturriaga, vizcaíno, de su patria, porque era hombre de bien y se temió dél, que le dijeron que juntaba amigos y que a su mesa comían algunos soldados. Y estando cenando una noche con sus amigos en su posada, llegó el maese de campo Martín Pérez con ciertos arcabuceros, y levantándose el Iturriaga de la mesa a recibirlos, le dieron ciertos arcabuzazos, de que murió; y así se le dejaron aquella noche, y otro día, de mañana, le enterraron con gran pompa, y banderas arrastrando, y tocando atambores roncos. Y como este tirano era malo, perverso, así era enemigo de los buenos y virtuosos; y pocos a pocos ha venido matando todos los más hombres de bien, y teniéndolos por sus enemigos, porque como tuviese presunción o manera de hombre de bien, temíase dellos y no consentía que tal hombre viniese entre ellos; y, por consiguiente, era amigo de la gente baja y mala, de los cuales se fiaba y los tenía por grandes amigos, y por parecerle que estos tales no tenían ánima para le matar, y que entre estos tales viviría más seguro. Entendía los más de los días en hacer alardes y formar escuadrones, y poniendo la gente como había de pelear, decíales que no había de dar batalla a ninguno de los que contra él viniesen, si no fuese el rey en persona, y que a los demás había de desbaratar con ardides y mañas de guerra, de que él se preciaba más que entendía dello. Esperaba cada hora a su capitán Monguía, a quien había enviado a tomar el navío del fraile, y como le parecía que se tardaba, teníalo a mala señal y estaba triste y amenazaba de muerte a todos los de la isla, y decía que, si el dicho capitán y soldados eran muertos o presos, que había de matar hasta los niños de teta, y asolar la tierra, y por ellos había de matar mil frailes. Y luego le vino nueva que el navío del fraile venía, y no supo por quién, y estaba suspenso hasta que, de un negro que había venido en una piragua de Maracapana, se supo cierto que el capitán Monguía y los soldados que con él iban se habían todos reducido al servicio de su majestad; y avisado el fraile de la venida del tirano y de todo lo que pensaba hacer, y que el fraile, con ellos y con la demás gente que tenía, venía con su navío a le destruir y hacer guerra, por lo cual el tirano hacía grandes bramuras y echaba espumarajos, decía grandes amenazas contra el fraile y los dichos soldados, y contra los de la isla, a los cuales mandó luego prender a todos con sus mujeres, y los llevaron a la fortaleza, y mandó echar más prisiones a don Juan, el gobernador, y a Manuel Rodríguez, alcalde, y a los demás vecinos, para todos los cuales hubo prisiones; y tratándolos mal a todos de palabra, decía que había de hacer correr arroyos de sangre por la plaza de la Margarita de los vecinos della; y luego, en caballos que había tomado a los vecinos, mandó poner de sus soldados a trechos desde el pueblo hasta un puerto de la isla que llamaban la Punta de las Piedras, adonde tuvo nueva que venía a desembarcar el dicho fraile. Aquí volvió el dicho cargo de Alférez general a Alonso de Villena, que antes lo era en tiempo de su príncipe, que se lo había quitado, como se ha dicho.

VI. Muerte del gobernador don Juan de Villandrando

Un sábado, a medio día, fue avisado como el navío del Provincial había tomado el dicho puerto de las Piedras, que es en la isla, 5 leguas del pueblo, y le dijeron que traía mucha gente de guerra con indios flecheros; y el cruel tirano, muy enojado y bravo, y blasfemando de Dios y de sus Santos, andaba muy orgulloso con sus soldados, apercibiéndolos para pelear con el fraile, pensando que traía mucha gente; y con este temor, por prender más a sus soldados, que no se le osasen huir y se pasasen al fraile, diciendo: «De los enemigos los menos», mandó que bajasen a una cámara baja, que estaba en la dicha fortaleza, al gobernador y a Manuel Rodríguez, alcalde, y a un Cosme de León, alguacil mayor, y a un Cáceres, regidor, y a otro Juan Rodríguez, criado del gobernador, a todos en las prisiones en que estaban, y viéndolos el tirano tristes, por los consolar, les dijo que no tuviesen pena ni temor, que les prometía y daba su palabra que aunque el fraile trajese más soldados que cardones y árboles había en la Margarita, que no hay en ella otra cosa, y aunque todos sus soldados muriesen que ninguno dellos había de morir; que así lo tuviesen por cierto que él les aseguraba. Y con esto que les dijo estaban algo contentos y consolados; pero el dicho tirano tenía la condición conforme a su mala vida y obras, que jamás, o por gran maravilla, cumplió palabra que a nadie diese, y cuando aseguraba alguno, entonces lo quería matar o dañar, como esto se pareció este día; y a la noche, mandó que se fuesen a sus casas los vecinos de la isla y sus mujeres que tenía presas, porque no entendiesen lo que querían hacer; y después de todos idos, a gran rato de la noche, vino adonde estaba preso el gobernador y todos los que arriba hemos dicho que estaban presos con él, un Francisco de Carrión, alguacil mayor del tirano, y con él otros soldados y negros con cordeles y garrotes; y fueron primero al gobernador, y le dijeron que se encomendase a Dios, que había de morir; y él respondió que cómo era aquello, que el gobernador Lope de Aguirre les había acabado de dar su palabra que no los mataría; y el dicho alguacil y soldados le dijeron que, no obstante aquello, habían de morir; y luego dieron garrote al gobernador y tras dél a Manuel Fernández, alcalde, y a Cosme de León, alguacil mayor, y al Juan Rodríguez, y a la postre el Cáceres, regidor, que era un viejo manco y tullido; y muertos todos cinco, los cubrieron con una estera, porque nadie los viese; y a la media noche, llamando el tirano a sus soldados, y metiéndolos en la fortaleza con las velas encendidas, mandó descubrir la carnecería, y mostrándoles los muertos, les dijo: «Mirad, marañones, qué habéis hecho, que, allende de los males y daños pasados que en el río Marañón hicisteis matando a vuestro gobernador Pedro de Orsúa, y a su teniente don Juan de Vargas y a otros muchos, jurando y alzando por príncipe a don Fernando de Guzmán y firmándolo de vuestros nombres, habéis también muerto en esta isla al gobernador della y a los alcaldes y justicias que, veislos, aquí están; por tanto, cada uno de vosotros mire por sí y pelee por su vida, que en ninguna parte del mundo podéis vivir seguros sino en mi compañía, habiendo cometido tantos delitos». Y luego mandó hacer dos hoyos en la misma cámara y allí los enterraron; y luego a aquella hora se partió el perverso tirano con ochenta soldados arcabuceros a la Punta de las Piedras a verse con el fraile, y quedó su maese de campo, Martín Pérez, en el pueblo en guarda de los presos; y el dicho maese de campo comió aquel día en la fortaleza con trompetas y grande regocijo.

Allegado el dicho tirano Lope de Aguirre con sus ochenta soldados a la Punta de las Piedras, halló que el navío del fraile venía ya a la vela la vía del pueblo; y luego, con toda brevedad, se volvió, y llegó al pueblo el mismo domingo, tarde: y su maese de campo y los soldados que con él habían quedado le hicieron gran recibimiento, con salva de arcabucería; y luego que llegó, un capitán suyo, llamado Cristóbal García, que era calafate, como se ha dicho, o por envidia o mala voluntad, y porque quizá fue verdad, dijo que su maese de campo convocaba amigos para le matar y alzarle con la gente y navíos, e irse a Francia; y que él y los conjurados habían comido aquel día juntos en la fortaleza, con trompetas y gran fiesta; y trujo por testigo un muchacho, criado suyo, el cual dijo que había visto la junta y entendido el concierto, y que era como su amo lo había dicho. Luego, el cruel tirano se determinó de matar a su maese de campo; y enviándolo a llamar a su posada, mandó a un su muy amigo y de su guardia llamado Chaves, que al entrar de la puerta le matase con un arcabuz; y venido el maese de campo, sin sospecha de lo que le había de venir, estando descuidado, el dicho Chaves llegó por detrás y le dio un arcabuzazo, de que le hirió muy mal; y luego le acudieron otros amigos del tirano, que estaban avisados, con muchas cuchilladas y estocadas; y el dicho maese de campo, como se sintió herido mal, andaba huyendo de una parte a otra de la fortaleza, pidiendo confesión, y llamando al general, y así lo acabaron de matar; y el dicho Chaves le degolló con una daga. Fue tan grande el ruido y alboroto que hubo cuando mataron al dicho maese de campo dentro de la fortaleza, que las mujeres y vecinos de la isla que estaban presos en la misma fortaleza pensaron que a todos los querían matar, y en especial a las mujeres, que unas se metían debajo de las camas, otras detrás de las puertas y en los rincones; y una Marina de Trujillo, mujer de Hernando de Riveros, se arrojó por una ventana de la fortaleza a la calle, y dio gran golpe, pero del miedo no lo sintió, y se fue a esconder; y de las almenas de la fortaleza se arrojaron un Domingo López y otro Pedro de Angulo, vecinos de la isla, y sin hacerse mal, se huyeron al monte; y el tirano se asomó a una ventana de la fortaleza, y desde ella dijo a la gente que estaba en la plaza, alborotada, que no sabían qué ruido era el que había dentro en la fortaleza, y les dijo a todos como había muerto a Martín Pérez, su maese de campo, porque lo quería matar, y los asosegó.

A estas voces, estando el maese de campo muerto y tendido en el suelo, y por muchas heridas que tenía en la cabeza se le parecían los sesos y le corría la sangre, y un capitán de la munición, grande amigo del tirano, llamado Antón Llamoso, que había sido uno de los que dijeron al tirano que era en el concierto de matarle con el maese de campo; y a aquella sazón le dijo el tirano: «Y vos, hijo, Antón Llamoso, también dicen que queríades matar a vuestro padre». El cual negó con grandes reniegos y juramentos; y pareciéndole que le satisfacía más, arremetió al cuerpo del dicho maese de campo, delante de todos, y tendiéndose sobre él, le chupaba la sangre que por las heridas de la cabeza le salía, y a vueltas, le chupó parte de los sesos, diciendo: «A este traidor beberle he la sangre»; que causó grande admiración a todos. Quitó luego el tirano la capitanía de su guardia a un Nicolás de Cocaya, porque también sospechó que era con el maese de campo, y diola a otro, llamado Roberto de Cocaya, barbero, muy su amigo. Mandó el tirano a todos los vecinos de la isla que tenía presos, que se fuesen a sus casas con sus mujeres, y que de ahí adelante viviesen seguros y sin miedo, que ya eran acabadas todas las muertes y crueldades, porque su maese de campo, a quien él había ya muerto, las hacía y causaba todas; en lo cual mintió, porque el maese de campo no hacía cosa ninguna sin su mandado, y aun se creyó que matara muchos más, y que el maese de campo le estorbaba y rogaba mucho que no matase tantos.

Pasado todo lo que se ha dicho, un martes, por la mañana, llegó el navío Provincial al pueblo, y surgió en el puerto, casi media legua desviado de la fortaleza; y el dicho tirano, como lo vido surto, puso su gente en orden, y con cinco falconetes de bronce y uno de hierro, que tomó en esta isla, salió por la playa adelante, pensando que querían saltar en tierra; y el dicho tirano y soldados de la tierra y los del fraile, desde unas piraguas en que habían entrado para hacer ademán de tomar tierra, se llamaban unos a otros de traidores, y se dijeron otras muchas afrentas de palabra, pero nunca saltaron en tierra, y así se estuvieron todo aquel día en el puerto con estandartes reales alzados en el navío, y visto por el tirano que no saltaban en tierra, se volvió con su gente a la fortaleza, y de allí escribió una carta al dicho Provincial, que dijo desta manera:

VII. Carta del tirano

«Muy magnífico y muy reverendo señor: más quisiéramos hacer a vuestra paternidad el recibimiento con ramos y flores que no con arcabuces y tiros de artillería, por habernos dicho aquí muchas personas ser más que generoso en todo; y cierto, por las obras hemos visto hoy en este día ser más de lo que nos decían, por ser tan amigo de las armas y ejercicio militar, como lo es vuestra paternidad, y así, vemos que la cumbre de la virtud y nobleza alcanzaron nuestros mayores con la espada en la mano. Yo no niego, ni todos estos señores que aquí están, que no salimos del Perú para el río del Marañón a descubrir y poblar, dellos cojos, y dellos sanos, y por los muchos trabajos que hemos pasado en Perú, cierto, a hallar tierra, por miserable que fuera, paráramos, por dar descanso a estos tristes cuerpos que están con más costuras que ropas de romeros: mas la falta de lo que digo, y muchos trabajos que habemos pasado, hacemos cuenta que vivimos de gracia, según el río y la mar y hambre nos han amenazado con la muerte; y así, los que vinieren contra nosotros, hagan cuenta que vienen a pelear con los espíritus de los hombres muertos; y los soldados de vuestra paternidad nos llaman traidores, débelos de castigar, que no digan tal cosa, porque acometer a don Felipe, rey de Castilla, no es sino de generosos y de grande ánimo; porque si nosotros tuviéramos algunos oficios ruines, diéramos orden a la vida; mas por nuestros hados, no sabemos sino hacer pelotas y amolar lanzas, que es la moneda que por acá corre. Si hay por allá todavía necesidad deste menudo, proveeremos. Y hacer entender a vuestra paternidad lo mucho que el Perú nos debe, y la mucha razón que tenemos de hacer lo que hacemos, creo será imposible. A este efecto, no diré nada aquí dello. Mañana, placiendo a Dios enviaré a vuestra paternidad todos los traslados de los actos que entre nosotros se han hecho, estando cada uno en libertad, como estaban; y esto dígolo en pensar qué descargo piensan dar esos señores que ahí están, que juraron a don Fernando de Guzmán por su rey, y se desnaturaron de los reinos de España, y se amotinaron y alzaron con un pueblo y usurparon la justicia, y los desarmaron a ellos y a otros muchos particulares, y les robaron las haciendas; y ende más Alonso Arias, sargento de don Fernando, y Rodrigo Gutiérrez, su gentilhombre. Desos otros señores, para qué hacer cuenta no hay, porque es chafalonia; aunque de Alonso Arias tampoco la hiciera, si no fuese por ser extremado oficial de hacer jarcia. Rodrigo Gutiérrez, cierto, hombre de bien es, si siempre no mirase al suelo, que es insignia de gran traidor. Pues si acaso ahí ha aportado un Gonzalo de Zúñiga, padre de Sevilla, cejijunto, téngalo vuestra paternidad por un gran chocarrero, y sus mañas son éstas: él se halló con Álvaro de Hoyón en Popayán en la rebelión y el alzamiento contra su majestad, y al tiempo que iban a pelear, dejó a su capitán y se huyó. Ya que se escapó desto, se halló en el Perú en la ciudad de San Miguel de Piura, con Fulano de Silva, en un motín, y robó la caja del rey, y mataron la Justicia, y asimismo se le huyó. Hombre es que, mientras hay que comer, está diligente, y al tiempo de la pelea, siempre huye, aunque sus firmas no pueden huir. De un hombre solo me pesa que no está aquí, y es Salguero, que teníamos gran necesidad dél, que nos guardara este ganado, que lo entiende muy bien. Mi buen amigo Mimbreño y Antón Pérez y Andrés Díaz, les beso las manos; y a Monguía y Arteaga, Dios los perdone, porque si estuviesen vivos, tengo por imposible negarme. Cuya muerte o vida suplico a vuestra paternidad me haga saber: aunque también querríamos que todos fuésemos juntos, siendo vuestra paternidad nuestro Patriarca; porque, después de creer en Dios, el que no es más que otro no vale nada. Y no vaya vuestra paternidad a Santo Domingo, porque tenemos por cierto que le han de desposeer del trono en que está, y para esto, cesa un hil. La respuesta suplico a vuestra paternidad me escriba, y tratémonos bien, y ande la guerra: porque a los traidores Dios les dará pena, y a los leales el rey los resucitará, aunque hasta agora no vemos que el rey ha resucitado alguno, ni da vidas ni sana heridas. Nuestro Señor la muy magnífica y muy reverenda persona de vuestra paternidad guarde, y en gran dignidad acreciente. Desta nuestra fortaleza de la Margarita. Besa las manos a vuestra paternidad, su servidor,

Lope de Aguirre.»

A esta carta respondió el Provincial, y no he podido tener su traslado, mas de que en suma le decía que Monguía y Arteaga estaban buenos, y eran muy servidores del rey; que ellos y todos se habían pasado a su servicio y como sus leales vasallos; y que le rogaba por Dios que dejase ya el hacer más daños en la isla; y principalmente le encargaba la honra de los templos y mujores. Venida la tarde, el dicho Provincial se tornó a Maracapana, y sin haber hecho más de mostrar en la mar su venida, hizo más daño que provecho porque se dijo que, si no viniera, nunca el tirano matara a don Juan el gobernador, ni a los demás que mató. Ya que había venido, si saltara en tierra aunque fuera lejos del pueblo, y se juntara con los vecinos de la isla, que muchos andaban al monte, pudiera ser que muchos soldados del tirano, viendo que tenían quien los favoreciese y recogiese con la voz del rey en la isla, se le huyeran muchos que estaban contra su voluntad y no se osaban huir, porque no sabían la tierra, ni dónde guarecerse del tirano; y de otra manera no lo osaban hacer porque habían visto que los vecinos y gente de la isla los buscaron y trajeron al tirano algunos de los que se habían huido; y desta manera, por ventura, el tirano perverso se desbaratara o saliera de la isla más presto y con menos poder; pero en esto se ha de tomar el santo celo del Provincial, que su intención fue buena, y de aprovechar a todos, y lo demás atribuirlo a Dios que hace lo que él es servido. Este día que estuvo surto el navío del Provincial, fueron hallados escondidos entre unos cardones en la playa de la mar dos soldados del tirano, que dijeron algunos que se quisieron pasar al navío del fraile, y el tirano los mató luego sin confesión; el uno, llamado Juan de San Juan, y el otro Paredes. Partido desta isla, el Provincial fue luego con toda brevedad a dar aviso a Santo Domingo de la venida deste tirano, y de camino avisó la Burburata y toda aquella costa de tierra firme.

Y como el cruel tirano había quemado y echado a fondo los bergantines en que vino a la isla, teniendo por cierto que tomara el capitán Monguía el navío del Provincial y se lo trajera; y como su pensamiento le salió contrario, y viendo que en tres barcos que había tomado allí no podía ir toda la gente, porque eran pequeños, determinó de acabar un navío que tenía armado don Juan, el gobernador de la isla, y enviando a buscar ciertos carpinteros que andaban huidos por la isla, los mismos vecinos se los trajeron, y los hizo trabajar en él fiestas y domingos hasta que se acabó, que tardaron más de veinticinco días; y en este tiempo quemó y derribó muchas casas y estancias de vecinos de la isla que se habían ido al monte, y los robaron mucha ropa y haciendas, y les mataron sus ganados. Mató en este tiempo el tirano a un Martín Díaz de Almendáriz, primo hermano del gobernador Pedro de Orsúa, al cual el dicho tirano, desde que mataron al dicho gobernador, su primo lo había traído a manera de preso y desarmado; y habiéndole dado licencia para que se quedase en la isla, y el Martín Díaz se había ido del pueblo a una estancia, envió el tirano a ciertos soldados que le matasen, y ellos le dieron garrote y lo mataron; y dijo el tirano a sus soldados que había muerto a Martín Díaz porque tenía propuesto de no dejar enemigo por detrás, y que todo su contento era matar enemigos y poner la vida por sus amigos; y él no dejaba a unos ni a otros.

En este tiempo, que fue día de Nuestra Señora de la Asunción, que llaman de agosto, fue el dicho tirano con todos sus soldados en ordenanza a la iglesia mayor del pueblo a bendecir ciertas banderas de sus capitanes, y él iba delante de la ordenanza, como capitán general; y acaso vido en el suelo un rey de naipes, al cual pateó y hizo pedazos, diciendo muchas blasfemias y palabras injuriosas en desacato del rey don Felipe, nuestro señor, como otras veces lo solía hacer; y no solamente hacía esto, pero blasfemaba y renegaba de Dios, sumo rey y Señor de todos; y asimismo hacían otros muchos soldados amigos que, por le imitar y hacer placer, blasfemaban y renegaban continuamente de Dios y del rey. Y acabadas de bendecir las banderas, las entregó a sus Capitanes y Alférez, y les dijo que aquellas banderas que les daba las pueden defender de todo el mundo, y que no les encargaba ni mandaba más de que mirasen por la honra de los templos y de las mujeres, y que, en lo demás, viviesen como les pareciese y en la ley que quisiesen, que a nadie le iría a la mano. Y aun estas dos cosas que les encargó de los templos, se creyó que las dijo más por no parecer del todo hereje, mal cristiano, como lo era, y para acreditarse en algo con los que estaban presentes, que no porque se entendiese dél que castigaría a ninguno que hiciese lo contrario, según su condición. Dijo aquí a sus soldados que él había hecho nuevo rey, y que había de nacer nueva ley para en que viviesen sus secuaces y amigos, cosa, cierto, de gran espanto para los que eran cristianos y lo habían de ser o morir, porque en este tiempo gran ocasión había a una voz todos hacer pedazos aquel perverso tirano; mas como la fuerza de malvada gente que era de su opinión, era grande, y los bien intencionados pocos y bien desarmados, su malvada gente que tenía resistió por entonces la gente que contra él tenía indignación; y por mayor lástima tengo que agora andcmos iguales, y por una medida y rasero llevados los que se mostraron ser servidores de Dios y del rey, como los que entonces eran sustentadores de este tirano y de sus herejías y crueldades: porque, como testigo de vista, puedo decir que estos tales, según sus grandes maldades, las justicias de su majestad no habían de usar con ellos de ninguna clemencia, aunque, según se va entendiendo, hay tan pocos de éstos que hayan parado en bien, que ahogados, o despeñados, o muertos a manos de indios, hay pocos que se hayan escapado; y Dios, que es justo juez, da el castigo a cada uno como lo merece y es servido; y esto no me quiero detener, que bien había que tratar, aunque no fuera sino decir cómo estuvo en esto remisa la justicia, digo en donde se desbarató el tirano, que fue en la gobernación de Venezuela.

Estándose acabando el navío, se dijo que el Alférez general del tirano, llamado Alonso de Villena, lo quería matar al dicho tirano y alzar bandera por el rey; y dando parte desto a ciertos soldados del dicho tirano para que le ayudasen, ellos se lo dijeron, y, enviando a matar el dicho tirano a su Alférez, él lo sintió y se huyó al monte. Y lo que desto se cree y tuvo por cierto en la isla Margarita, y después de ido el tirano se platicaba, fue que, temiéndose de su muerte el dicho Alonso Villena, y que el dicho tirano lo quería matar, que estaba enojado con el Villena, por el peligro se quisiera apartar de su compañía, y no lo osaba hacer, porque era uno de los trece que fueron en matar al buen gobernador Pedro de Orsúa, y había sido siempre muy de ánimo en toda la tiranía, y por temor que las justicias de su majestad después lo matarían; y así, teniendo ya determinada y aún aparejada su ida, por escapar la vida si pudiese, dijo a ciertos soldados que él quería matar al tirano, que le ayudasen; y díjolo tan en público, que por fuerza el tirano lo hubo de saber; y luego se huyó, como lo tenía bien acordado, y esto hizo a fin de que después, cuando por las justicias de su majestad fuese hecha información de su vivir, pudiese hacer este cargo de servicio al rey, para descuento de sus maldades, y no para que hubiese efecto lo que decía, sino aspaviento; porque si él quisiera de veras servir a Vuestra Majestad, no lo dijera tan público ni se huyera luego, ni aguardara al tiempo que el tirano se quería embarcar para salir de la Margarita, que es bien claro que, porque no tuviese tiempo para lo buscar, aguardó entonces. Y así el tirano, airado de la huida deste, tomó sospecha de otros, diciendo que eran con el Villena, y sin tener más claridad sino su dañada sospecha, mató asimismo a un Alférez de su guardia, llamado Domínguez, que era amigo del dicho Villena, y matole a puñaladas un Juan de Aguirre, que era mayordomo del dicho tirano, y lo echaron de la fortaleza abajo; y por lo mismo, a otro soldado, llamado Loaysa, también de sus marañones, ahorcó; y a una mujer de un vecino de la isla, llamada Ana de Rojas, la ahorcó del rollo de la plaza, y le tiraron muchos arcabuzazos, porque dijeron al tirano que el Villena entraba muchas veces en su casa de esta mujer, y que allí se concertaba el motín. Envió asimismo a matar al marido de la dicha Ana de Rojas, que se llamaba Diego Gómez, que era un hombre viejo y enfermo, que estaba curándose en una estancia, una legua del pueblo. Mataron a él y a un fraile dominico que con él estaba, dándoles garrote y robando cuanto estaba en la estancia; y volvieron al pueblo, donde el tirano perverso mandó a estos sus diabólicos ministros que, pues ya habían muerto un fraile, que matasen a otro su compañero, que allí estaba en el pueblo, que era asimismo dominico, con el cual este malvado tirano se había confesado; y luego, a la hora, lo mataron estos perversos sayones, y lo metieron en una casa; y cuando lo querían matar, el fraile les rogó que le dejasen primero encomendarse un poco a

Dios, y, tendiéndose en el suelo boca abajo, rezó el salmo de Miserere mei y otras oraciones; aunque los perversos tiranos no le dieron mucho espacio; y, levantándose del suelo, se encomendó a Dios, y les dijo que aquella muerte él la tomaba por Dios, que se la diesen la más cruel que pudiesen; y así le dieron garrote, el cordel por la boca, hasta que se la hicieron pedazos; y como no se ahogaba presto le pasaron el cordel al pescuezo. Créese que el dicho fraile murió mártir, por algunas represiones que en la confesión debió de dar al dicho tirano. Pasando aquesto, mandó ahorcar el tirano a un fulano Somorostro, vecino de la isla, que era un hombre viejo, porque cuando llegó el tirano a la isla, se había ofrecido a ir con él, y al tiempo de la partida le pidió licencia para quedarse y él se la dio, pero quedó colgado del rollo.

Estando ya casi de camino el tirano, y el navío echado al agua, que se había acabado, mandó ahorcar una mujer de la isla que se decía fulana de Chaves, porque de su casa se le huyó un soldado de los que en esta isla se le allegaron, porque decía que esta mujer lo supo y no le avisó. Muchos de los soldados de la isla, que se habían ofrecido de salir con él, viendo sus crueldades y maldades, se le habían ya huido. Era tan cruel y malo este tirano, que a los que no le habían hecho mal ni daño, los mataba sin causa ninguna; y a otros que él no tenía voluntad ni causa de los matar, porque ninguno se escapase dél sin que tuviese qué contar, los afrentaba. Y mandó que le trajesen un mancebo que estaba en la isla, que no le había venido a ver; y en pena de su descuido, mandó que le rapasen la barba, lavándosela primero con orines hediondos, y le mandó que pagase al barbero, y le hizo traer cuatro gallinas por paga. Y a otro soldado de los suyos, como era un fulano Cayado, que no era hombre de que él hacía cuenta, ni le quería matar, porque se descuidó un día en ir al escuadrón, le mandó asimismo rapar la barba en el rollo de la plaza, y que se la lavasen con el mismo lavatorio que al otro.

Estando ya acabado el navío del todo, y el tirano que se quería partir de la isla, vino un Francisco Fajardo, vecino de un pueblo que se dice Caracas, en la gobernación de Valenzuela, con ciertos indios flecheros y enerbolarios, en socorro de los vecinos de la isla, y se puso en un monte, media legua del pueblo, entre las estancias, y dijeron que por esto no las quemó y destruyó el tirano, que lo tenía determinado de lo hacer, y no osó enviar gente a ello, porque no se le huyesen, que algunos lo habían comenzado a hacer, y si entonces le acometiera el Fajardo, se pasara la más gente del tirano, aunque por temor de que se le habían de huir algunos, hizo el tirano meter sus soldados todos en la fortaleza, a fin de que ya que viniesen a dar en él con los indios flecheros, con este alboroto no pudiese ninguno huir; y así hizo un portillo, a las espaldas de la fortaleza hacia la mar, y por allí hacía embarcar toda la gente uno a uno. En ese tiempo, estando el perverso tirano en la playa de la mar, y la gente ya toda embarcada, que solo él y algunos amigos suyos quedaban en tierra, llegó a él un soldado de sus marañones, y bien su amigo, y de los más prendados, que se llamaba Alonso Rodríguez, almirante, y le dijo al tirano que se desviase un poco más a tierra, que se mojaba con las olas de la mar; y sin más razones y ocasión, echó mano a su espada, y le dio una cuchillada que casi le derribó un brazo en el suelo; y luego mandó que fuesen a curar a dicho soldado, y ya que lo querían hacer, se arrepintió, y tornó a mandar que le diesen garrote, y así lo hicieron, y lo mataron sin confesión; y luego este tirano fue con algunos de sus amigos a casa de un clérigo, llamado Contreras, cura de la isla, y lo trajo a los navíos y lo embarcó y llevó consigo, harto contra la voluntad del dicho clérigo.

Salió el tirano de la isla Margarita un domingo, después de medio día, postrero de agosto, del año de 1561 años; habiendo estado en ella cuarenta días, y dejándola tan perdida y asolada y robada de servicio de ganados y comida y otras cosas, que los que en ella quedaban, no se pueden sustentar sino con mucho trabajo, y habiendo hecho las crueldades y maldades que he dicho, y otras muchas más. Mató el tirano por el río, antes de llegar a esta isla, veinticinco hombres, y entre ellos al gobernador Pedro de Orsúa, y a don Juan de Vargas, su teniente, y a doña Inés, y a un Alonso de Henao, clérigo, y a un Comendador de Rodas. Todos los demás fueron, su príncipe, almirantes, capitanes, alféreces y sargentos y otros oficiales que este perverso tirano hizo y deshizo, y en matando uno destos, hacía otro en su lugar, y los bienes, armas y servicio de todos los que mataba iban a los herederos forzosos, que eran los amigos y privados del tirano, a quien los repartía todos, y con esto los tenía propicios y llegaba cada día más. Mató en la isla Margarita otros catorce de sus marañones, y once de los vecinos della, con los dos frailes y dos mujeres, que son por todos cincuenta personas las que mató hasta que salió de la isla, sin otros dos indios ladinos que allí mató, y a todos los más dellos sin confesión. Metió en la isla, cuando entró en ella, doscientos hombres, o muy pocos más, con noventa arcabuces y veinte cotas; quedáronsele en la dicha isla, entre muertos y huidos, y otros dejados por la voluntad del tirano, con los que pasaron al fraile con Monguía, cincuenta y siete hombres. Allegáronse allí once o doce soldados. Halló en la isla cincuenta arcabuces y muchas lanzas y espadas, y seis tiros de artillería, los cinco, falconetes de bronce y uno de hierro. Por esta cuenta, sacó de la isla Margarita hasta ciento sesenta hombres, y algunos de los que se le huyeron, llevaron algunos arcabuces, como hasta diez, y quedarle han hasta ciento treinta arcabuces, y las seis piezas de artillería ya dichas. Llevó desta isla casi cien piezas de indios e indias, de las mejores que pudo haber. Llevó tres caballos y un macho, y todos los aderezos de caballos de silla que pudieron haber; porque como supo que ya en Nombre de Dios y en Panamá estaban avisados, y que él no era parte para ir por allí, como había pensado, determinó de irse a la Burburata, y atravesar toda la gobernación de Venezuela, y al Nuevo reino de Granada, y de allí al Perú, aunque también le salió esta cuenta mala, como la otra primera, como adelante se dirá. Las sillas que de aquí sacó eran para muchos caballos que pensaba tomar en la gobernación de Venezuela.

Salió el tirano, como habemos dicho, de la isla Margarita, un domingo, postrero día de agosto, con la gente y armas y municiones que habemos contado, y llevaba toda su gente repartida en cuatro navíos, los tres barcos pequeños, y el uno grande, que era el que había acabado de hacer en la Margarita; y en cada uno destos navíos repartió la gente de quien él más se fiaba, a quien encomendó la guardia dellos; y los otros pequeños seguían al en que él iba, que era mayor y más ligero. Antes de llegar a la Burburata, tuvieron muchas calmas y vientos muy contrarios, por manera, que tardó en llegar a la Burburata, desde la dicha isla Margarita, ocho días, que es camino que comúnmente se anda en dos o tres días. En todo el viaje no acaeció caso de muertes, más de que el perverso tirano y sus amigos traidores, como no tenían el tiempo como ellos querían, blasfemaban de Dios y de sus Santos, y de los tiempos y vientos. Decía unas veces el tirano, enojado desto, que no creía en Dios si Dios no era bandolero; que hasta allí había sido de su bando, y que entonces se había pasado a sus contrarios. Amenazaba de muerte a los pilotos y hombres de la mar que llevaba en los navíos: pensaba que le llevaban engañado, que en ellos estaba la falta del tiempo, y enojado con ellos, decía, que si Dios había hecho el cielo para tan ruin y civil gente, que no quería ir allá. Y otras veces, alzando los ojos hacia el cielo, decía: «Dios, si algún bien me has de hacer, agora lo quiero, y la gloria guárdala para tus Santos». Y diciendo estas y otras blasfemias y herejías, llegó a la Burburata, un domingo, a los 7 de septiembre deste año; y en el puerto halló un navío de mercaderías, que sus dueños, viendo venir al tirano, lo echaron a fondo con parte de la carga, que no pudieron sacar, y el tirano le mandó poner fuego y se quemó hasta el agua.

VIII. Llegada del tirano a Burburata

Este mismo día que llegó, hizo desembarcar toda la gente, y se alojaron en la playa, donde estuvieron aquella noche; y otro día, de mañana, envió algunos de sus amigos al pueblo, que estaba media legua del puerto, los cuales hallaron el pueblo sin gente, yermo, que toda la gente estaba huida por temor de los dichos tiranos; y hallaron en el pueblo un soldado de los marañones que se habían pasado al fraile con Monguía, llamado Francisco Martín, piloto, el cual les dijo que se volvía a la compañía del dicho tirano Lope de Aguirre, y luego se lo llevaron a la mar, y el tirano le hizo muchas caricias, y le preguntó por el suceso de Pedro de Monguía, y Arteaga, y Alonso Gutiérrez los había engañado a todos, y uno a uno los habían desarmado; y desque los tuvieron así, apellidando la voz del rey, se hicieron con el fraile; y que él y los demás no habían podido hacer otra cosa, por estar sin armas; y que él, sabido que venía, vino a buscarle y servirle; y que algunos de sus compañeros, que andaban por allí muertos de hambre y desnudos, tenían el mismo deseo que él; y que, sabida su venida, tenía por cierto que lo vernían a servir. Y luego el tirano le dio de vestir a este soldado, y escribió con él una carta muy amorosa para los que él decía, y le mandó que los fuese a buscar, y les diese la carta y se los trajese; y él fue y anduvo por allá dos o tres días, y se volvió diciendo que no los había hallado. Este mismo día, antes que el tirano fuese en la Burburata, mandó matar un portugués, llamado Farias, que era de los que en la Margarita se le habían llegado. La causa que para le matar tuvo, dijeron que no fue otra sino haber preguntado este soldado si aquella tierra en que estaban, si era isla o tierra firme. Este día mandó el tirano ir toda la gente al pueblo, y él se quedó el postrero de todos, haciendo quemar los navíos que allí había traído; y llegado al pueblo, aposentó en él su gente, y él vivía más recatado que hasta allí, y con más guardia en su persona; y mandó juntar y recoger en el dicho pueblo, y a la redonda dél, todas las cabalgaduras que se pudiesen haber, que serían como hasta veinticinco o treinta, y las más, yeguas por domar; y ciertos soldados de los que fueron a buscar las cabalgaduras, vinieron empuyados, de lo cual se enojó tanto el tirano, que mandó pregonar guerra a sangre y fuego contra el rey de Castilla y sus vasallos, salvo aquellos que se quisiesen pasar a ellos, que los aseguraba, y a los demás, todos, que los matasen, so pena que el soldado de los suyos que no matase a los que topase, le matasen a él por ello. Prendieron a un alcalde del dicho pueblo, llamado Chaves, que le hallaron en un hato suyo, 4 leguas del pueblo, y él, dicen que se lo quiso, por ver si podría granjear alguna cosa. Detúvose aquí dieciocho días, domando las cabalgaduras, para llevar en ellas la munición y hato, y viendo que tenía necesidad de más para poderlo llevar todo, escribió una carta a los vecinos de la Nueva Valencia, que estarían 10 o 12 leguas de allí, la tierra adentro, diciéndoles que él determinaba de ir por su pueblo, y si no por otro camino derecho, a Barchicimeto y al Tocuyo, y que, para aviarse, tenía necesidad de que cada vecino del pueblo le enviase un caballo, y que se lo pagaría muy bien en joyas de oro y plata; y que enviasen con los caballos personas de fiar, donde no, que no podía dejar de irse a ver con ellos, y les haría todo el daño que pudiese; pero los vecinos de la Valencia no respondieron. Mató en este pueblo de la Burburata un mercader que había tomado en el monte, llamado Pero Núñez, porque se quejó que un soldado de los marañones le había tomado una barreta de oro de 60 pesos, que tenía dentro de una botija de aceitunas enterrada, y que el soldado había desenterrado la botija y llevádosela con el oro. Y llamando el tirano al soldado, le preguntó por el oro, y él negó, diciendo que la botija no tenía tal cosa dentro; y queriéndolo el tirano averiguar, preguntó al Pero Núñez, mercader: «¿Qué señas tiene la botija?», y él dijo que una tapadera con yeso; y el tirano dijo al mercader, que quien en aquello mentía, también se presumía que mentiría en lo demás; y le mandó dar luego garrote por mentiroso. Y la principal cosa porque le hizo matar fue, que cuando trajeron a este mercader preso del monte donde estaba escondido, el tirano le habló bien, y le preguntó por qué se huía, y le respondió que de miedo; y replicó el tirano, y le dijo que le dijese qué decían dél por allá; y el Pero Núñez rehusó, y dijo que no nada: y el tirano le dijo que dijese todo lo que dél decían, y el mercader respondió: «Dicen, señor, muchas cosas que...», «Decidlas y no tengáis miedo, que yo os aseguro mi palabra que no se os hará mal ninguno». Y luego, el mercader comenzó a decir: «Dicen, señor, que vuestra merced y todos los que andan en su compañía son luteranos, malos y crueles». Y el tirano se enojó y le dijo: «¡Bárbaro, necio!». Y se quitó una celada de acero que en la cabeza traía, y le amagó a dar con ella, y enojado desto lo mató.

Mandó asimismo ahorcar aquí un soldado de sus marañones llamado Pérez, al cual halló el tirano fuera del pueblo, echado junto a un arroyo de agua, que estaba malo; y preguntándole el tirano que qué hacía allí, le respondió que estaba muy malo, y el tirano le dijo: «Luego, desa manera, señor Pérez, no podréis seguir esta jornada; bueno será que os quedéis». Y el Pérez le dijo: «Sea como vuestra merced mandare». Y vuelto el tirano a su posada, mandó luego a sus ministros que le trajesen a este soldado, diciendo: «¡Tráiganme acá a Pérez, que está malo; curarlo hemos y hacerle hemos algún regalo!». Y traído, le mandó luego ahorcar, porque quisiera este maldito que ninguno mostrara voluntad de quedarse, sino que todos le siguiesen, aunque fuese arrastrando; y después de muerto, le pusieron un rótulo en los pechos que decía: Por inútil y desaprovechado. Rogáronle los más de sus capitanes por este soldado, que le diese la vida; y respondió, muy enojado, que nadie le rogase por hombre que estuviese tibio en la guerra. Hallaron en este pueblo de la Burburata algunas mercaderías enterradas y escondidas, de pano y de lienzo y cosas de comer, y muchas pipas de vino, todo lo cual los dichos tiranos comieron y robaron; y no contentos con beber el vino en más cantidad que había menester, cocían con ello la carne y guisaban sus comidas; y hubo algunos que desfondaban las pipas por una parte y se metían desnudos en ellas a lavarse, y en bateas se lavaban muchos los pies las más de las noches; cierto, cosa de gran destrucción y lástima.

Estando ya de camino para la Valencia el perverso tirano, se huyeron dos soldados que habían deseado siempre el servicio de su majestad; el uno llamado Pedrarias de Almesto, y el otro Diego de Alarcón, a quien siempre el tirano había traído desarmados, por no se fiar dellos, y porque entendía el tirano que no le habían de ser amigos; y como los echó menos, hizo grandes bramuras, diciendo blasfemias, y que si él creyera a sus amigos, él los hubiera hecho pedazos; y mandó luego detener el campo otros dos días en el pueblo, y envió a prender a Chaves, el alcalde que antes había preso, y trayéndole delante dél le dijo: «Sabed que si no me buscáis los dos soldados que se me han huido, que es el uno Pedrarias y el otro Alarcón, que os tengo de llevar vuestra mujer e hijos, y la mujer de don Julián de Mendoza, vuestra hija; por eso, abrí el ojo y hacé lo que digo, si queréis excusar que no haya una gran crueldad en vosotros». Y el dicho alcalde, con gran diligencia, procuró de buscar a los dichos soldados; y como en aquellos dos días no los pudo hallar, el perverso tirano les llevó las mujeres al dicho alcalde y alguacil mayor, don Julián, y dejó el pueblo quemado y destruido y robado, y las mujeres todas a pie, que serían diez o doce; y caminando hacia la Valencia, llevaba los tiros de artillería y municiones en los caballos que allí había habido, y los soldados cargados con sus armas y hato y comida. En este pueblo dejó, de su propia voluntad, tres soldados enfermos, que se decía uno Paredes y otro Jiménez y otro Marquina.

Luego que los vecinos de la gobernación de Venezuela supieron que el tirano había desembarcado en la Burburata, y pretendía entrar por la tierra adentro, temiendo sus crueldades y maldades, de que ya estaban los vecinos de la Venezuela avisados, y de Barchicimeto, que son los dos pueblos más cercanos a la mar, y camino por do el tirano había de pasar, se huyeron al monte llevando consigo sus mujeres e hijos y hacienda, no les pareciendo que eran parte para se poder defender; pero los vecinos de la ciudad de Tocuyo, que están más lejanos de la mar, que es donde residía al presente el gobernador, que era el licenciado Pedro Pablo Collado, tuvieron más ánimo y mostraron más valor; y todos ellos, con su gobernador, acordaron que, poniendo sus mujeres e hijos en cobro, ellos aventurasen sus personas a todo peligro, por servir a Dios y a su rey. Y luego el dicho gobernador nombró oficiales de la guerra en nombre de su majestad; e hizo capitán general a un Gutiérrez de la Peña, vecino del dicho Tocuyo, y que había sido gobernador en el Tocuyo antes que el licenciado Collado; y asimismo hizo a otros vecinos capitanes y alférez. Y luego el dicho Gutiérrez de la Peña, capitán general, juntó toda la gente del Tocuyo, en que había solos cuarenta y dos hombres de caballo con lanzas y escampiles, y adargas de cueros de vaca crudos y, con el estandarte Real alzado, se partió para la ciudad de Barchicimeto, que es 12 leguas del dicho Tocuyo, hacia la mar, de manera que salieron al camino al tirano, apellidando y enviando a llamar toda la gente que había en la dicha gobernación, de los pueblos de Nira y Coycas y otras partes; y previniendo asimismo al capitán Pero Bravo, que estaba 40 leguas del pueblo de Tocuyo en otro pueblo llamado Mérida, término del nuevo Reino de Granada, y llegados a Barchicimeto, se aposentaron en el pueblo, y los vecinos dél, que andaban al monte, sabida la nueva de la venida del general y vecinos del Tocuyo, se vinieron a juntar con ellos, que serían con los unos y con los otros ochenta hombres de a caballo, con las armas y aderezos que habemos dicho; y poniendo las guardias y espías en los caminos para que los tiranos no pudiesen venir sin que ellos lo supiesen y entendiesen, y alzando de los caminos todos los ganados y comidas que se pudieron alzar, esperaron allí al tirano. Y desde a pocos días vino al pueblo de Coycas un Diego García de Paredes, vecino del dicho pueblo de Coycas, con algunos otros, sus amigos, y traían tres o cuatro arcabuces, que era la mayor fuerza de la gente de Venezuela, y con su venida se holgaron mucho, y le dieron el cargo de maese de campo de su majestad, y cada día venían gentes de toda la Gobernación a servir a su majestad.

Partido el tirano de la Burburata la vía de la Nueva Valencia, como se ha dicho, aquel día, yendo caminando por la playa de la mar, vieron venir una piragua que venía hacia el pueblo de la Burburata, y parecíales que venía en ella gente española; y pensando hacer el tirano alguna presa, caminando un poco adelante hacia una sierra, ya que se vido encubierto de la vista de la mar, paró e hizo alojar allí su campo; y siendo de noche, el mismo tirano tomó consigo veinticinco o treinta arcabuceros, y volvió al dicho pueblo, y dividiendo la gente que llevaba, unos por una parte y otros por otra, mandó buscar las casas del pueblo, y que prendiesen a cuantos hallasen; y él solo se puso también a buscar por su parte, y no hallaron a nadie. Y, ciertamente, los que aquella noche fueron con él, no sé yo cómo se pueden excusar de culpa, porque nunca hasta allí había habido mejor coyuntura para le matar, si los que allí iban desearan el servicio de su majestad, y principalmente el de Dios; porque el tirano se quedó solo buscando las casas, y con el abundancia de vino que había, se emborrachó, y cualquiera con facilidad lo pudiera matar allí, que estaba fuera de la guardia de sus amigos; pero ellos no quisieron o no se atrevieron. Pudo ser que no cayesen en ello, o que Dios no fuese servido que por entonces muriese. Y desta vuelta que hizo a la Burburata se le huyeron otros tres soldados de sus marañones, llamados Rosales, Acosta, Jorge de Rojas; y con el mucho vino que llevaban en el cuerpo, el tirano y sus compañeros, no los echaron de menos hasta la mañana.

En el entretanto que el tirano volvió a la Burburata, hubo en su campo algún alboroto y revueltas, y la causa fue ésta. En el lugar del alojamiento había falta de agua, y fuéronla a buscar a unas quebradas de montañas lejos de allí, adonde ciertos indios del servicio de los dichos tiranos hallaron en el monte cierta ranchería de gente que estaba por allí escondida, los cuales se huyeron, sintiendo la gente que buscaba el agua. En esta ranchería hallaron cierto hato y cosas que los que allí estaban, con la prisa de huir, se habían dejado, y entre estas cosas, una capa conocida de un Rodrigo Gutiérrez, marañón, que habemos dicho que se pasó al fraile con Monguía, y una probanza de abono que había hecho ante la justicia de la Burburata; y en esta probanza había sido testigo el Francisco Martín, piloto, que habemos dicho también que era de los Monguía y se había vuelto a servir al tirano a la Burburata; y como se leyese la probanza y se viese en ella el dicho de Francisco Martín, que abonaba mucho al Rodrigo Gutiérrez, un mayordomo del tirano Lope de Aguirre, y a quien él había dejado el cargo del campo cuando el tirano volvió a la Burburata, enojado del dicho Francisco Martín, piloto, por lo que había dicho Rodrigo Gutiérrez, le dio de puñaladas, y acudiendo otros amigos del tirano, lo acabaron; y un soldado, llamado Arana, de los amigos y paniaguados del tirano, le tiró un arcabuzazo, y errando al dicho Francisco Martín, dio a otro soldado que estaba cabe él, preso, que decían que se había querido huir aquella noche, que se llamaba Antón García, y le mató; y asimismo murieron ambos a dos. Algunos, y los más del campo, tuvieron por muy cierto que el dicho Arana quiso matar al dicho Antón García, so color de que tiraba al otro; y así, al dicho Arana no se le dio nada, y dicen que dijo que se fuese el que él mató a su cuenta, que el general, su señor, lo ternía por bien; y a esta causa hubo los alborotos, porque unos loaban lo hecho y otros lo vituperaban; pero el dicho Arana, como buen amigo y servidor del tirano, fue a muy gran prisa a la Burburata y avisó al tirano de lo que pasaba en su campo, y él se volvió allá con toda brevedad, y se holgó de lo hecho. Otro día, por la mañana, partió de allí, prosiguiendo su viaje para la Nueva Valencia, adonde, por el mal camino y aspereza de la tierra, los soldados dejaron en ella la mayor parte del hato que llevaban a cuestas; y asimismo se quedaron allí ciertos tiros de artillería de hierro que no los pudieron subir las cabalgaduras que llevaban. Trabajaron mucho el tirano y sus secuaces y amigos en subir la munición, cargándola y descargándola muchas veces, y aliviando las cargas a las cabalgaduras que se les cansaban, y repartían entre sí las cargas y ellos las llevaban a cuestas; y el mismo Lope de Aguirre iba cargado también con harto peso de la dicha munición; y trabajó aquí tanto, que cayó malo, y tanto, que el día que llegó a la Valencia, se apeó de un caballo en que iba, no se pudiendo tener en la silla, y se tendió en el suelo como muerto, y algunos soldados que con él se hallaron lo llevaron ellos mismos a cuestas, y otros le hacían sombra a manera de palio con una bandera; cosa, cierto, vergonzosa y mala, y de que no se pueden escapar de que tenían mucha culpa, porque entonces llevaba muy poca guardia, y fuera cosa muy fácil matarle, porque como él estaba malo, había enviado adelante a la Valencia todos sus amigos para que tomasen el pueblo; y aún dicen que el dicho tirano, fatigado con su enfermedad, les decía a veces: «¡Matarme, matarme!», que tampoco podía ir en la hamaca; y en viendo alguna sombra, se arrojaba en ella y se tendía en el suelo; y así le llevaron a cuestas más de media legua, y algunos de los que agora blasonan y se publican por muy servidores de su majestad. Y esto no lo vide yo, porque andaba en los montes huido con mi compañero Diego de Alarcón, porque hasta que me prendieron y volvieron al tirano, no supe nada desto, como adelante se contará. Y desde a pocos días, el tirano convaleció y quedó bueno de su enfermedad. Hallaron este pueblo de la Valencia también despoblado como el de la Burburata y a la redonda dél se hallaron ciertas yeguas y potros. Aquí se estuvieron veinte días o más, domando las cabalgaduras, que todas eran cerreras, para llevar su artillería y munición, y para encabalgar algunos de sus capitanes y amigos. Y como viese el tirano que toda la gente de los pueblos por donde hasta allí había venido se huían, y ninguno se venía a él, como pensaba, blasfemaba, y renegando, decía muchas veces que no creía en tal si la gente de aquella tierra no eran peores que bárbaros, y pusilánimes y cobardes; y que ¿cómo era posible que nadie hasta allí se les hubiese pasado, y que aquestos solos rehusasen la guerra, que desde el principio del mundo los hombres la habían armado y seguido, y aun en el cielo la había habido entre los ángeles cuando echaron dél a Lucifer? Y así se quejaba desto este tirano, como si él fuera bueno y llevara alguna impresa justa y santa.

En este pueblo de la Valencia mandó ahorcar un soldado de sus marañones, llamado Gonzalo Pagador, porque salió un tiro de arcabuz del pueblo a coger cierta fruta que llaman papayas, porque había mandado que nadie saliese sin su licencia, y mandolo colgar del mismo árbol que había cogido la fruta.

Pasado esto, los soldados que atrás dijimos que se huyeron de la Burburata, de los dos primeros, el uno llamado Pedrarias de Almesto, y el otro Diego de Alarcón, habiendo pasado grande hambre y sed por las montañas, escondiéronse deste perverso tirano; ya cansados del mucho trabajo, acordaron, por mejor servir a su majestad, de salir al pueblo de la Burburata, apellidando la voz del rey, y hacer a los vecinos del dicho pueblo que alzasen bandera por el rey don Felipe, nuestro señor; y así lo pusieron por obra; y un día, a medio día, entraron en la plaza del dicho pueblo de la Burburata, y, poniéndose en medio della los dichos dos soldados, comenzaron a dar voces diciendo: «¡Quien está en este pueblo, salga a servir al rey, que a eso venimos; y álcese bandera por el rey, nuestro señor, que aquí nos juntaremos gente para destruir a este perverso tirano!». Y acabado de decir esto, salieron de sus casas siete y ocho vecinos y soldados, mostrando voluntad de hacer lo que el dicho Pedrarias y Alarcón estaban diciendo. Y por más asegurarlos, vienen el alcalde Chaves y don Julián de Mendoza, alguacil mayor del pueblo, con sus varas, diciendo: «¡Caballeros, viva el rey, que por él tenemos estas varas, y hacerse ha como vuestras mercedes lo dicen!». Y, como se vieron del dicho Pedrarias y Alarcón, arremetieron con ellos los vecinos y alcalde y alguacil mayor, con grandes voces, diciendo: «¡Sed presos, traidores! ¡Viva el general Lope de Aguirre!». Y el Pedrarias, como vido la traición, comenzose a defender con su espada; y prendieron a Diego de Alarcón; y al Pedrarias, viendo que se defendía como podía, cargaron todos del Alarcón, y le dejaron, y no le prendieron por entonces. Y luego echaron muchas prisiones al dicho Alarcón, y el Pedrarias se tornó a huir al monte, adonde anduvo otros cuatro días; y como le aquejaba la hambre, hubo de venir a buscar comida de noche, a una estancia en la cual le tenían puestas espías; y a cabo deste tiempo, a media noche, le tomaron dentro en un bohío, y allí le prendieron el don Julián con otros cuatro del pueblo, y lo trajeron adonde estaba preso el Diego de Alarcón, y les echaron dos colleras de hierro a cada uno, y una cadena que, a ser de oro, había bien para gastar; y les contaron por qué lo hacían, y que era porque el tirano les había llevado sus mujeres, y que las querían rescatar a trueque de sus cabezas, pues el tirano se las llevaba. Y porque Pedrarias preguntó al alcalde Chaves que por qué tenía la vara del rey en la mano, siendo tan gran traidor, fue el alcalde y tomó una lanza que estaba allí, cabe él, y le tiró una lanzada, estando con la cadena y unas esposas a las manos. Y viendo el alcalde la presa que había hecho, dio luego aviso por la posta al perverso tirano, para que enviase gente por ellos; y como vido que tardaban, apercibió la gente del pueblo y les mandó, de parte de su majestad, que llevasen los dichos dos soldados y los entregasen al dicho tirano Lope de Aguirre. Y el Pedrarias y Alarcón pidieron confesión a un clérigo que se había hallado allí a aquella sazón, el cual rehusaba de hacerlo por miedo del tirano, y en fin, confesó a los dichos dos soldados; y luego la gente que estaba apercibida para ir en guarda destos dos soldados, y con ellos el alguacil mayor don Julián de Mendoza, a media noche, hicieron que comenzasen a caminar el Alarcón y Pedrarias, y los llevaron en una cadena, y cada uno con dos collares al pescuezo; y después de haber caminado como 6 leguas aquella noche y el día siguiente, estando ya como 3 leguas o 4 de la Valencia, donde estaba ya el tirano alojado, el uno dellos, llamado Pedrarias, llamó al don Julián para que le pusiese bien la cadena, con propósito de le quitar la espada y darle con ella, o soltarse de las prisiones, y habíale sucedido bien, sino que su compañero se estaba quedo y decía: «¿Para qué es eso, sino morir como cristianos?». Y el dicho Pedrarias, como vido que no había podido salir con lo que quiso hacer, se echó en el suelo y les rogó muy encarecidamente que le cortasen allí la cabeza, porque con ella cumplirían, y les darían sus mujeres, porque no determinaba de ir a dar aquel contento a Lope de Aguirre y a otros traidores; que por mayor pena tenía aquello, aunque no lo hubiesen de matar, que no morir antes de llegar allá. Y viendo los que lo llevaban que no quería caminar, sino morir allí, acordaron entre todos cortarle la cabeza; y así le dieron a escoger cómo quería que lo matasen, y él respondió que para hacer más presto, que amolasen un cuchillo o una espada, y que lo degollasen con ella;

y así lo pusieron por obra, que el don Julián de Mendoza tomó una espada ancha que llevaba, y la amoló en una piedra junto a un arroyo que allí estaba, y se vino al dicho Pedrarias y le tornó a rogar que caminase, y que quizá podría ser en aquel comedio hubiese remedio; y el Pedrarias le respondió que lo soltase, pues él había venido a servir al rey, y que aquello que hacían era gran traición; y el don Julián respondió que más quería su mujer, que después, a Roma por todo. Y así dijo el Pedrarias: «Pues hacé lo que habéis de hacer, que yo soy muy contento; que yo muero por lo que estamos obligados, que es por servir a Dios y al rey». Y el don Julián le tomó por la barba diciendo que dijese el credo; y respondió: «Creo en Dios y que sois un gran traidor». Y diciendo esto, pasó los filos de la espada dos o tres veces por la garganta, y como la sangre saltó, el don Julián se cortó y turbó, y no hizo más; y el dicho Pedrarias se quedó desangrando con una grande herida en el pescuezo, y así, creyendo que lo había degollado, lo dejaron estar toda aquella noche, hasta que amaneció; y como fue Dios servido que no pasasen los filos el gaznate, quedó vivo; y viendo que estaba de aquella manera tornáronle a rogar que llegase adonde el tirano estaba, y aunque no quería, sino que le acabasen de matar, a ruego de todos, caminó y llegaron a donde el tirano estaba, el cual hubo algunos de sus amigos que, como supieron la llegada destos dos soldados, le pidieron albricias al tirano por su venida; que todo lo que se va diciendo es bien público, y por probanzas parecerá más bastantemente declarado. Así que, llegados a Valencia, mandó el tirano a parte de sus amigos, y a otros que no lo eran tanto, para que metiesen prenda, que antes de llegar adonde estaba, les diesen de agujazos y los hiciesen pedazos; y así, salieron ciertos, que no se dicen sus nombres, y comenzaron a decir a los dos soldados: «¿Pues cómo en poder de nuestros enemigos nos dejábades y os íbades al rey? ¿Qué pensábades?». Y el Pedrarias respondió, ya más fuera de juicio: «Y pues que hayamos de morir, ya está hecho; ¿qué remedio?». Y estando en esto, llegó nueva del tirano Lope de Aguirre que los llevasen delante dél, que les quería hablar; y así, aquestos sus ministros, no tuvieron lugar de ejecutar sus intenciones ruines, y lleváronlos delante del tirano, el cual les dijo: «¿Pues qué es lo que habéis hecho? Pues, por vida de Dios, que venís a buen tiempo, que yo tenía prometido de dos marañones de sus pellejos hacer un atambor y agora se cumplirá; y veremos si el rey don Felipe, a quien fuisteis a servir, si os resucitará; que, por vida de Dios, que ni da vidas ni sana heridas». Y luego se entró en el aposento adonde estaba su hija, a poner una cota y celada; y quieren decir que fue, cierto, la hija la que le rogó que no matase a Pedrarias, y que por su ruego lo hizo. Y así, cuando salió de su aposento, contó cierto que en todos los romanos, del cual nunca se acuerda ninguno de qué manera fue, porque unos estaban con gran pesar de ver a los dos soldados en el paso tan peligroso, y otros que se cree que de gozo no cabían por ver en qué entender; y en fin, acabado su cuento, arremetió con el dicho Pedrarias y lo abrazó diciendo: «A éste quiero dejar vivo, y a ese otro hacedlo luego pedazos». Y luego al Diego de Alarcón lo tomaron entre aquellos crueles sayones, y un Carrión, mestizo, alguacil mayor del campo, y le llevaron desde la posada del tirano por las calles, y entre los toldos del campo con un pregonero que decía en alta voz: «Esta es la justicia que manda hacer Lope de Aguirre, fuerte caudillo de la gente marañona, a este hombre, por servidor del rey de Castilla. Mándale hacer cuartos. Quien tal hizo que tal pague». Y así, le cortaron la cabeza, y hecho cuartos lo pusieron en palos en una manera de plaza, y la cabeza en el medio en el rollo; y decía a voces el tirano, con muchos soldados alrededor de la cabeza del Diego de Alarcón: «¡Ah, caballeros soldados, qué necio quedara Pedrarias si estuviera como su compañero, que no viene el rey de Castilla a resucitarle!». Y al Pedrarias le decía que abriese el ojo, que ni el rey le diera la vida, ni le sanaría la herida. Y luego mandó curar al dicho Pedrarias de Almesto, y le perdonó echándole cargo que mirase lo que había hecho por él, que, cierto, fue cosa de gran milagro que Dios había inspirado en el tirano para no usar de su gran crueldad; y cosa que es insólita, y que hasta allí el dicho tirano no había usado con otro ninguno; y luego le dieron seis puntos en la herida al dicho Pedrarias de Almesto, de la cual se pensó muriera.

Envió deste pueblo el dicho tirano a su capitán, Cristóbal García, con gente a una laguna muy poderosa que estaba cerca de la Valencia, y llámase esta laguna Carigua, que hay en ella muchas islas pobladas de indios, que le habían dicho al tirano que algunos vecinos de la Valencia estaban allí escondidos, y que tenían consigo la mayor parte de la ropa y hacienda de todo el pueblo, y les mandó que en todo caso procurasen de entrar dentro, y prendiese a los que hallase, y trajese la ropa; y fue Dios servido que no hubiese efecto, porque ciertas balsas de caña que hicieron no pudieron sustentar peso sobre el agua, que luego se sumían e iban al fondo en entrando en ellas, y así se volvieron sin hacer nada.

Luego vino nueva que el alcalde Chaves, de la Burburata, envió a decir al tirano que tenía preso a Rodrigo Gutiérrez. Este soldado es de los que pasaron con Monguía al fraile. Y también decía el alcalde Chaves que enviase por él, el cual prendió el traidor del alcalde en la iglesia de la Burburata, que el dicho Diego Gutiérrez se había huido a ella y metídose dentro; y allí fue el dicho alcalde y le echó prisiones, y lo tenía a recaudo esperando a que el tirano enviase por él; el cual, como lo supo, envió luego a gran prisa y placer a Francisco de Carrión, su alguacil mayor, con doce soldados, para que se lo trajesen; pero el dicho Gutiérrez se dio buena maña a cohechar un negro que lo guardaba, que se soltó de las prisiones antes que llegasen los que iban por él; que le valió no menos que la vida; y los dichos soldados se volvieron sin él, de que el tirano recibió mucha pena, y riñó mucho al dicho su alguacil mayor y soldados, porque no habían muerto al dicho alcalde Chaves, pensando que él lo había soltado. Y desde a pocos días, según se dijo, el alcalde Chaves envió a avisar al tirano por una carta suya como los vecinos de la gobernación de Venezuela se juntaban contra él, y habían alzado estandarte Real, y que convocaban toda la tierra comarcana, pidiendo socorro hasta el Nuevo Reino de Granada, por lo cual el tirano apresuró su partida.

IX. El disbarate y muerte de Aguirre

Entretanto que el dicho tirano estuvo en la Valencia domando potros, que fue primero su oficio en Perú, los más vecinos de la gobernación de Venezuela se allegaron y recogieron en la ciudad de Barchicimeto, donde estaba su capitán general; y allí se juntaron en pocos días más de ciento y cincuenta de a caballo, deseosos de servir a su rey y defender sus casas y haciendas de tan mal tirano. Y en este tiempo, estando todos suspensos, y temerosos y dudosos, que no sabían del dicho tirano, ni dónde estaba, ni qué hacía, ni por dónde ni cuándo había de venir, y que cada día se aumentaba la fama de sus crueldades, que no dejaba de ponerles harto miedo, fue Dios servido que les trujo a su campo uno de sus marañones, que había venido con los dichos tiranos hasta la isla Margarita, y desde allí se había huido llamado Peralonso Galeas, hombre viejo y de crédito, el cual procuró de pasar en una canoa a tierra firme y desde Maracapana a la Burburata, y a la Valenciana, donde estaba escondido cuando llegó el tirano allí; y dejándolo en la Valencia, se vino a Barchicimeto al campo de su majestad; y algunos del dicho campo, como estaban temerosos y rescatados, dijeron que no se debían fiar del dicho Peralonso, que podía ser echadizo para que los espiase; y pusieron en él sospecha, y echaban diversos juicios; pero tratándole y conversándole, en su poca malicia conocieron su lealtad, y se holgaron con él mucho, porque les dio particular cuenta del dicho tirano y de su gente, y de las armas y municiones y artillerías que traían, y el número de la gente, que todos deseaban saber; y les dio esperanza cierta de victoria, diciéndoles que, sin les dar batalla, los destruirían, porque los demás hombres de bien que traía el tirano, viendo el campo y estandarte real de su majestad, se pasarían a él, porque estos tales deseaban mucho servir a su majestad; salvo algunos que eran amigos del tirano y estaban prendados que éstos no serían más de hasta sesenta o pocos más. Con estas nuevas, se les quitó a los del campo de su majestad gran parte del temor que tenían, y recibieron gran contento, porque les habían dicho, y ellos creían, que el tirano traía mucho más poder del que el dicho Peralonso les había dicho y certificado; y con esto, lo creyeron e hicieron mucha honra, y de allí lo enviaron al Tocuyo, y que diese cuenta a su gobernador Pablo Collado, que estaba enfermo del corazón, según se entendió por lo susodicho.

Partido ya el tirano de la Valencia, como habemos dicho, y caminando para Barchicimeto, en el camino se le huyeron ocho o diez soldados y se fueron al monte; y visto por el tirano, blasfemaba y renegaba y hacía bramuras, y dijo suspirando: «¡Oh, pese a tal! que bien he dicho yo que me habíades de dejar al tiempo de la mayor necesidad. ¡Oh, profeta Antoñico, que profetizasteis la verdad, que si yo a ti te hubiera creído, no se me hubieran huido estos marañones!». Y esto decía por un muchacho, llamado Antoñico, que servía al dicho tirano, el cual le quería mucho; y el muchacho le decía muchas veces que no se fiase en los marañones, que se habían todos de huir y dejarlo; y cada vez que se le huía alguno, luego acudía al profeta Antoñico y decía: «Veis aquí quien me ha profetizado esto muchos días ha». Pero un su almirante, Juan Gómez, tan perverso como él, y aún creo que peor, le dijo: «¡Oh, pese a tal, Señor, qué bueno andaba vuestra merced el otro día, si como fueron tres fueran treinta!». Y esto decía por los tres soldados que había muerto al partir de la Valencia. Y dijo más este dicho Juan Gómez: «¡Oh, pese a tal, señor, que hay por aquí muchos y buenos árboles!». Desde a dos o tres días que caminó, dio en unas rancheras de negros de los vecinos de la Gobernación, y por hacer comida, se detuvo allí un día, y principalmente por recoger los dichos negros, de los cuales él se pensaba ayudar, y traía en su campo quince o veinte dellos con su capitán general, a los cuales decía que eran libres, y que a todos los que se le juntasen había de dar libertad; y hacíales tan buen tratamiento, y aún mejor, que a los españoles; y ellos, con este favor, hacían fuerzas y robos, y muertes, y otros daños y males; y el tirano se holgaba dello, y aún para más les daba licencia; pero aquí le salió en vano su trabajo, porque los dueños de los negros, sabida su venida, los habían puesto en cobro. Otro día, siguiendo su camino, le llovió un aguacero pequeño al subir de una cuesta pequeña, que como era agria y estaba lodosa, y las cabalgaduras que traían sus cargas y municiones eran las más yeguas cansadas, resbalaban y caían, sin poder dar paso adelante; lo cual, visto por el tirano, dijo tantas blasfemias contra Dios y sus Santos, que a todos los que lo oían ponían temor y espanto; y dijo muy enojado: «¿Piensa Dios que porque llueva no tengo de ir al Perú y destruir al mundo? pues engañado está conmigo». Y estas y otras semejantes blasfemias duró hasta que acabaron de hacer en toda la cuesta escalones, con azadones, y las cabalgaduras acabaron de subir. Entretanto que él aquí se detuvo, los de su vanguardia, que no supieron nada, caminaron mucho, que pensaban que todos les seguían; y cuando el tirano acabó de subir arriba, y no vido casi ningún soldado, comenzó a blasfemar otra vez de veras, y dijo a Juan de Aguirre y a su capitán de la guardia, y a otros amigos que estaban con él: «Yo, señores, os profetizo que si en esta Gobernación no se nos allegan cuarenta o cincuenta soldados, que no lleguemos al reino, según las voluntades que en mis marañones conozco». Y fue con grande enojo y a gran prisa hasta alcanzar la vanguardia, y ultrajando y vituperando los soldados y capitanes, los hizo volver atrás a lo alto de la cuesta. Llegado al valle que dicen de las Damas, lleno de maíz, junto a un río, de que el tirano se holgó mucho, que ya les comenzaba a faltar la comida, y para hacerla, se detuvieron aquí un día. Aquí dicen que, desabrido y desconfiado de sus marañones, entró en consulta con sus capitanes y amigos, y determinaba matar a todos los sospechosos y enfermos, que serían más de cuarenta, y quedarse con cien soldados de los más sus amigos; pero algunos de la dicha consulta le fueron a la mano, movidos por Dios, que no consintió que tal crueldad se efectuase; y así cesó por entonces este su mal propósito. Otro día, de mañana, partido de allí, caminó con gran prisa hasta la noche, y paró junto a una acequia de agua, y este día vido corredores del campo de su majestad que estaban en Barchicimeto, 8 leguas de allí; porque, sabido en el dicho campo la venida del tirano, salió el maese de campo, Diego García de Paredes, a los reconocer y hacer algún daño, si hallase coyuntura, con catorce o quince de a caballo. Aquí en este valle, en un paso de montaña, se encontraron de repente los unos con los otros, y los tiranos dieron arma en su campo, y los del rey, como lo vieron, quisieron revolver tan presto para atrás, que como venían unos tras otros, y el camino era estrecho, y de monte, con la prisa del revolver, unos a otros se embarazaron y se hicieron gran estorbo, de manera que, antes que se desembarazasen, dejaron allí dos lanzas y ciertas caperuzas monteras que, con la prisa, se les cayeron, y se retiraron atrás a unas cabañas, donde durmieron aquella noche.

Por el dicho tirano vistos los corredores del campo de su majestad, todos se pusieron en arma, y el tirano Lope de Aguirre mandó poner la gente a punto, y que los arcabuceros encendiesen las mechas, que los tomaron descuidados los dichos corredores, tanto, que no se halló en todo su campo más de una o dos mechas encendidas; y descansando el tirano en aquella acequia tres o cuatro horas, estuvo mofando y burlando de la gente del campo de su majestad, así de las lanzas que se les cayeron, como de las monteras, que las más eran de algodón, muy viejas y grasientas, y decía a sus soldados: «¡Mirad, marañones, a qué tierra os ha traído la fortuna, y dónde os queréis quedar y huir! ¡Mirad qué monteras los galanes de Meliola! ¡Mirad qué medrados están los servidores del rey de Castilla!». Y a cabo deste tiempo, con la Luna que hacía clara, caminó toda la noche, llevando puestas guardas secretas a los soldados que tenía por sospechosos, porque no se les huyesen; y ya que llegaban cerca donde estaban durmiendo los corredores del campo de su majestad, fueron dellos sentidos; y viendo ellos que ya no podían hacer ningún daño al dicho tirano, porque ya los habían visto, se fueron a su campo y dieron nueva de la breve venida del tirano; y sabido, entre todos fue acordado que, porque el campo estaba alojado dentro del pueblo, y si allí el tirano les acometiese de noche o de día, les ternía gran ventaja, por ser todos ellos arcabuceros, y que las cosas y paredes les eran reparo, y los del campo de su majestad eran todos de a caballo; y por esta causa acordaron que el campo se mudase de allí y se saliese a la hora so cerca de unas cabañas anchas y llanas que están junto del dicho pueblo, para poderse mejor aprovechar de los caballos, y se alojaron en una quebrada en medio de las dichas cabañas, adonde tenían agua, y llevaron todo el bastimento necesario para ellos y sus caballos.

Caminó el dicho tirano Lope de Aguirre con su gente toda la noche y otro día hasta hora de vísperas, sin parar, y a esta hora, ya que estaban legua y media de Barchicimeto, paró y se alojó por allí aquella noche, y mandó asentar su artillería al camino del dicho pueblo; y puesta su guardia y centinelas, envió desde allá una carta a los vecinos de Barchicimeto con un indio ladino del Perú, en que les decía que no se huyesen ni dejasen su pueblo, que él les prometía que a nadie haría mal ni daño, y que no quería dellos ni de toda la Gobernación más de la comida y algunas cabalgaduras, pagándoselas; y que el que de su voluntad le quisiese seguir e ir con él, que le haría buen tratamiento en todo, y la daría de comer en el Perú; y que si se huyesen dél, les prometía de quemar y asolar el pueblo y destruirles los ganados y sementeras y hacer pedazos todos los que dellos pudiese haber.

Durmió el tirano allí aquella noche con toda su guardia y buenas velas, y otro día, por la mañana, que fue miércoles, 22 de octubre de 1561 años, caminó hacia el pueblo de Barchicimeto, y mandó públicamente a todos los suyos que cualquier soldado que saliese del campo tres pasos, que le matasen a arcabuzazos; y ya que llegaba cerca del campo de su majestad y del pueblo, vido la gente del rey muy cerca de sí, que le estaba aguardando en lo alto de una barranca del otro camino, al cabo del pueblo, de manera que entre los unos y los otros estaba el pueblo; y el tirano, aguardando en la playa de un río que es allí junto, y recogiendo su gente y poniéndola en ordenanza, y los de quien él más se fiaba en la vanguardia, y con todas sus banderas tendidas, que eran seis, las cuatro de campo y las dos estandartes, comenzó a caminar hacia ellos con el recuaje y servicio puesto a las espaldas de sí; y ya que llegaba cerca, mandó disparar gran salva de arcabucería, echándoles grandes cargas para que diesen mayores respuestas, pensando con aquello poner temor a los contrarios; y mandó luego dar otra vez carga, y que cada arcabucero echase pelotas con alambre para que hiciesen más daño, que son desta manera: dos pelotas de plomo, y asidas la una de la otra con un hilo de alambre, algo grueso, de largo de palmo y medio, en manera que no se pudiesen deshacer; y así tiradas, van cortando y despedazando cuanto topan. La gente del campo de su majestad, viendo los tiranos ya cerca de sí, comenzaron a bajar del barranco a lo llano, con estandarte Real alzado, y caminaron hacia ellos, y los tiranos asimismo, de manera que en el dicho pueblo se juntaron y entre las casas y calles dél se trabó entre los unos y los otros una escaramuza, de manera que faltó poco para venir en rompimiento; pero los capitanes del campo de su majestad lo estorbaron y hicieron retirar a su gente, aguardando mejor coyuntura; y, cierto, fue buen acuerdo, porque si entonces rompieran, no pudieran dejar de recibir grandísimo daño, porque la gente del tirano eran todos arcabuceros, y tenían por reparo las casas y bahareques del pueblo; y viendo a los del rey venir tan determinados, y no sabiendo su intención, ni si hallarían en ellos misericordia, si se les pasasen, por ventura pelearan todos con buenas ganas, y sabe Dios lo que fuera; y así, los del campo de su majestad se tornaron a retirar a la barranca, y el tirano se quedó en el pueblo, y alojó su campo en una cuadra cercada, de alto de más de dos tapias, almenado todo a la redonda, que eran las casas del capitán Damián de Barrio, vecino de dicho pueblo, lo cual hizo, lo uno por estar más guardado de la gente de caballo, y lo otro por tener allí guardados los sospechosos, que no se pudiesen huir al campo de su majestad, que era lo que los hombres de bien que traía deseaban, los cuales no eran mucha cantidad.

Retirados los del campo de su majestad a la barranca, se estuvieron allí gran rato por ver lo que hacía el dicho tirano y su gente, y aguardando asimismo si alguno se le pasaba, como el Peralonso les había dicho; y como nadie no venía, se volvieron a descansar a su alojamiento, dejando sobre el campo del tirano doce de a caballo por corredores. Y en esto el maese de campo, Diego García, con ocho de caballo, fue, sin ser visto de los dichos tiranos, y dio en su retaguardia, y les tomó cierto bagaje que venía muy atrás, y les tomó cuatro cabalgaduras con alguna ropa, y entre ello alguna munición de pólvora de su artillería, que hizo harto provecho a los del campo de su majestad, que para los pocos arcabuces que tenían no había munición. Después de se haber aposentado los tiranos en aquel cercado, como se ha dicho, salieron algunos de sus soldados por las casas del pueblo a buscar y recoger lo que en ellas había, y en las dichas casas hallaron muchas cédulas de perdón que decían que el licenciado Pablo Collado, gobernador de aquella provincia, perdonaría a todos los que se pasasen a su Real servicio, de todos y cualesquier delitos que hubiesen cometido en la dicha tiranía, con tanto que hiciesen esto antes de dar reencuentro y batalla a la gente y campo de su majestad. Y algunas cédulas fueron a manos del tirano, que sus amigos se las llevaron; y él, haciendo juntar a toda su gente, les hizo un largo razonamiento diciéndoles que considerasen las muertes y daños que habían hecho, y que tuviesen por cierto que el mismo rey no les podía de justicia perdonar, que cuanto menos podía un gobernadorcillo bachillerejo de dos nominativos, y que aquello era para los engañar, como habían hecho a Martín de Robles, y Tomás Vázquez, y Piedrahita y otros que, con los perdones del rey, los ahorcaron, y que escarmentasen en cabeza ajena, pues era claro lo que les decía, y otras muchas cosas que les ponía por delante. Andando, pues, los soldados del tirano por el pueblo, después de haber recogido lo que por las casas hallaron, por mandado del tirano, sus allegados amigos les pusieron fuego; y quemándose una casa cercana de la iglesia, el fuego saltó en ella y se quemó toda, y dicen que el tirano, viendo el fuego encendido, mandó sacar los ornamentos e imágenes, y los hizo guardar; y asimismo se quemó la dicha iglesia y casi todo el pueblo, que no quedaron sino unas pocas de casas a un lado, las cuales los del campo de su majestad, viniendo secretamente, las quemaron, porque estaban en daño suyo y aparejadas para que desde allí los tiranos los hiciesen daño.

Aquella noche durmieron en un campo y el otro con buena guardia, relevándose y guardándose cada una de su contrario; y otro día, jueves al cuarto del alba, dieron los del campo de su majestad una arma a los dichos tiranos con cinco arcabuces solos que tenían; y el tirano, que sintió el rebato, mandó que todos callasen y estuviesen prestos; y en amaneciendo, echó el tirano hasta cuarenta arcabuceros, y les mandó que escondidamente fuesen por una quebrada arriba, y acometiesen a los que les habían dado el arma; y ellos lo hicieron tan bien, que, sin ser vistos ni sentidos, dieron sobre ellos, donde se trabó una escaramuza, y sin que hubiese ningún herido, cada cual de las partes se retiraron a su campo. Y este mismo día, jueves, ya tarde, vino al campo del gobernador Pablo Collado, que hasta entonces había estado malo en el Tocuyo, y por aquella causa no había venido, aunque hubo muchos que se lo atribuyeron a mal; y con él venía el capitán Pedro Bravo con veinte hombres de a caballo, de Mérida, los cuales, sabiendo ya que el tirano Aguirre estaba en la gobernación de Venezuela, deseosos de servir a su majestad y ganar honra, vinieron en socorro de los vecinos della desde la dicha ciudad de Mérida, que es término del nuevo Reino de Granada, 60 leguas del pueblo de Barchicimeto, y con su venida dieron gran ánimo y alegría en el campo de su majestad, tanto, que se contaban ya por vencedores, y no tenían en nada al tirano, y con mucha razón, porque se hallaban ciento y ochenta hombres de a caballo, y hombres de bien y de vergüenza, y deseosos de servir a Dios y a su rey y señor natural, y defender sus mujeres y hijos, casas y haciendas de tan malos, perversos y crueles tiranos, y morir haciendo lo que debían. En todo este tiempo no dejaban de andar corredores sobre el campo del tirano; lo uno, porque no tuviesen lugar de salir a tomar comidas ni cabalgaduras, y lo otro, porque si algunos de los del tirano se quisiesen pasar al rey, como les había dicho Peralonso, que hallasen aparejo y socorro en los dichos corredores para guardarlos y llevarlos al campo de su majestad.

Algunos soldados de los que en el campo del tirano estaban, deseosos de servir a su majestad, y de pasarse a su campo, no tuvieron coyuntura para lo poder hacer, por estar encerrados en aquel cercado de tapias, y por la gran guardia que de noche y de día el tirano tenía de sus amigos, hasta el tercero día, que fue viernes, que se pasaron dos soldados del dicho tirano al campo de su majestad, con dos arcabuces; el uno llamado García Rengel, y otro Guerrero; los cuales dieron esperanza de que se pasarían otros muchos, y ayudaron con su llegada mucho, porque se acabó de confirmar lo que les había dicho Peralonso; y señaladamente dijeron estos dos soldados que se pasarían un Juan Jerónimo de Espíndola, capitán del dicho tirano, y un Hernán Centero, que éstos sin falta lo harían, en teniendo lugar, con la más gente que pudiesen. Los del campo de su majestad hicieron buen acogimiento a los dichos soldados y les dieron caballos, y iban con los corredores a hablar a los del tirano para que pasasen. La noche siguiente envió el dicho tirano al capitán de su guardia Roberto de Coca, y al capitán Cristóbal García, con otros amigos y paniaguados suyos, hasta sesenta arcabuceros, a que con diligencia y secreto buscasen el lugar donde estaba el campo de su majestad, que no lo sabían, y diesen en él, e hiciesen todo el daño que pudiesen, y tomasen los caballos, de que el tirano tenía gran falta y necesidad, y que se recogiesen luego a su fuerte, que otro día, de mañana, él saldría con la demás gente a le socorrer y hacer espaldas, aunque los más destos soldados no sabían a qué iban, mas que pensaban que a buscar cabalgaduras y ganados, que así lo habían publicado el tirano y sus amigos. Y caminando de noche en busca del campo de su majestad, fueron sentidos de un capitán, Romero, que venía a la sazón del pueblo de Nira, que es en la dicha gobernación, a servir a su majestad, con ocho o diez compañeros; y andando por aquellas sabanas en busca del campo del rey, vio a los dichos arcabuceros; y como los vio todos a pie, conoció que eran de los tiranos; y sospechando lo que era, a gran prisa, dando voces, atinó hacia donde le pareció que podía estar el campo de su majestad; y topando con los corredores, les dijo lo que había visto; y él con ellos avisaron con brevedad al campo de su majestad que, aunque tenía buenas guardas y centinelas, estaban bien descuidados de aquello; y toda la gente cabalgó y salieron en busca de los dichos tiranos; y como no topasen con ellos en gran rato, por ser de noche, acordaron que el maese de campo quedase con sesenta de a caballo buscando los dichos tiranos, y que si los hallasen no se quitasen de sobre ellos hasta la mañana, porque no tuviesen lugar de hacer lo que pretendían; y toda la demás gente se volvió a reposar a su alojamiento; y el dicho maese de campo, con la dicha gente, anduvieron casi toda la noche buscándolos; pero ellos, viendo como eran sentidos y que su propósito no podía hacer efecto, se escondieron en un vallete pequeño de sabana alta, donde no podían ser vistos, sino pasando por ellos. Y el maese de campo y los que iban con él, cansados de buscarlos, y no los pudiendo hallar, se volvieron a su campo, donde estuvieron toda la noche en arma, sin reposar ni dormir, porque como sus corredores y centinelas sentían cualquier ruido, y ya sabían que la gente del tirano andaba fuera, pensaban que eran ellos, y no hacían sino dar armas por una y otra parte.

Venida la mañana, fueron descubiertos los tiranos en la sabana, y todo el campo de su majestad fue sobre ellos; y no atreviéndose los del tirano a esperar en lo llano, enviaron a pedir socorro al tirano, y se retiraron a una barranca de un río que estaba cerca dellos, que es alta y de montaña, y allí se hicieron fuertes, por temor de los caballos; pero no tardó mucho el tirano Lope de Aguirre en los socorrer, que le vino nueva cómo estaban; y luego se partió del fuerte con veinticinco o treinta arcabuceros y la bandera de su guardia tendida, que era negra, con dos espadas sangrientas en medio della, y tocando con una trompeta y un atambor; y juntándose con la demás gente, salieron todos a lo llano, y entre los unos y los otros se trabó una hermosa y bien trabada escaramuza; y aunque los del campo de su majestad se iban retirando, era para sacar a los del tirano a lo llano, y desviarlos de una barranca que allí estaba, para se poder aprovechar de los caballos; y el dicho tirano los iba siguiendo a gran prisa; y desque estuvieron apartados a su voluntad, y bien en lo llano los del campo de su majestad, volvieron sobre ellos con gran ánimo. Aquí se trabó la escaramuza bien brava y reñida; de suerte que la gente del tirano no tenía piquería, y así se comenzaron a turbar, viéndose acometer por todas partes, que casi los tenían cercados. Andando, pues, en la dicha escaramuza un capitán de caballos del dicho tirano, llamado Diego Tirado, andaba encima de una yegua, y salía a hacer algunas arremetidas contra los del campo de su majestad, pareciéndole coyuntura, y que muy a salvo y sin riesgo ninguno lo podía hacer; y dando una arremetida, como solía hacer, se pasó al campo de su majestad; y luego el tirano se comenzó a retraer, muy espantado de que el Diego Tirado se le había huido. Y para que la gente suya no cobrase ánimo para hacer lo mismo, el tirano comenzó a decir: «¡Ah, caballeros, reportaos! que Diego Tirado yo lo envío para cierto negocio que nos conviene a todos; y tené creído que no se fue sin mi licencia». Y esto hacía cautelosamente para que no le desamparasen. Y como Diego Tirado se pasó, fue llevado al gobernador Pablo Collado, y él y los demás oficiales del campo de su majestad se holgaron mucho con él y le hicieron mucha honra; y el dicho gobernador Pablo Collado le dio un caballo bueno en que él andaba; y como se vido a caballo el Diego Tirado, revolvió sobre la gente del tirano dando voces: «¡Ea, caballeros!, ¡a la bandera Real!, ¡al rey, que hace mercedes!». Que, cierto, en esto él lo hizo bien para restaurar y enmendar su vida y vivir que en tiempo atrás había tenido; porque entre los hombres no debemos juzgar su intención, sino las obras que cada uno hace; y esto no lo digo sino por tratar verdad, como es justo que todo hombre de bien se precie de tenerla por principal pieza de su arnés; y porque los señores Oidores me mandaron hiciese esta relación por la vía y orden que yo pudiese, y en ella declarase todo lo sucedido en aquella jornada, porque había de ser enviada desta Real Audiencia del Nuevo Reino de Granada a los señores del Consejo Real de su majestad en corte de España. Así que quiero decir, que el dicho Diego Tirado vino a este Nuevo Reino de Granada a los señores del Consejo Real de su majestad, no con poca presunción y pretensión de que su majestad le hiciese mercedes y gratificase sus servicios, que para cada uno dellos tenía trescientos deservicios hechos; porque si él fuera bueno y verdadero servidor de su majestad, muchas veces lo pudo mostrar con la obra, sin aguardar al cabo y al fin del tirano; porque él fue uno de los tres primeros que entraron en el pueblo de la isla Margarita, apellidando la voz del tirano, y prendiendo, y hiriendo, y rindiendo las justicias y gente del pueblo; y uno de los que tomaron y saquearon la Caja Real, y la hicieron pedazos; y siempre, como caudillo y capitán del tirano, tenía los buenos caballos que en el campo había, así de los que tomaron al gobernador don Juan de Villandrando y los alcaldes del rey; y en los dichos caballos andaba en las estancias de la dicha isla saqueando y alanceando los vecinos della. Pues es claro y notorio a todos que en la isla Margarita ciertos indios flecheros le aguardaron un paso, porque les había quitado sus mujeres y se las traían; y los indios, por ver si podían tornar a haber sus mujeres, salieron a ellos con buenas flechas, y los hirieron a todos; que era caudillo y capitán Diego Tirado, y con él Roberto de Coca, y un Diego Sánchez Bilbao; y los indios les quitaron las mujeres, y ellos vinieron peligrosamente heridos. Y tiempo tuvo, y no poco, para hacer su pasada al campo del rey, porque en la isla se pudiera quedar, como otros lo hicieron; y ya que no, bien pudiera dejar de pedir mercedes a su majestad; que decía que él solo era el que desbarató al tirano, quitando a muchos sus ventajas, que bien sabía que otros habían hecho; pero como sea cosa cierta que la verdad bien puede adelgazar y no quebrar, fue Dios servido que hubiese quien la procuró decir; y a estos señores de la Audiencia Real les constó ser así bastantemente, y que hubo quien se aventuró y padeció más por servir al rey que no él; y bastara contentarse como los demás, que se fuera lo uno por lo otro. He dicho todo esto, porque hicieron cierta relación, con que vivían muy engañados muchos en decir que merecía Diego Tirado que su majestad le hiciese mercedes; y así las alcanzó, que por principal negocio tuvo que lo enviasen preso a la gobernación de Venezuela, remitido su negocio al gobernador della. Y también no soy de parecer que se haga relación y la intitulen verdadera, pues en cosas van en contrario della; y en especial, cosas que han de ir a poder de su majestad y a los de su muy alto Consejo, han de ir muy atentadas y comprobadas por personas que hayan pasado por ello, y que se han de creer, porque de esta manera, creo, no se pueden errar de dar a cada uno el premio y galardón de lo que merecen.

En esta escaramuza que aquí he dicho que se trabó, acaeció una cosa bien de notar; que, con ser toda la gente del tirano arcabuceros, y andar con los del rey revueltos, y tirando muy amenudo, no hirieron hombre ni caballo de los del campo de su majestad, y ellos, con solo cinco o seis arcabuces que tenían, hirieron dos hombres de los del tirano, y a él mismo le mataron una yegua que andaba con ella.

Visto por el tirano Lope de Aguirre la pasada de su capitán Diego Tirado, en quien él fiaba más que en ninguno de los suyos, y el arcabuzazo que le habían dado a su yegua, que le espantó y turbó harto, y el ánimo con que le acometían los del campo del rey, y la flaqueza de los suyos; y como sus famosos arcabuceros marañones no habían herido siquiera un caballo solo de los contrarios, comenzó a conocer su perdición; y deseando remediar perdición, apeado de la yegua que le habían muerto, y con una lanza en la mano, comenzó a recoger los suyos, ayudándole algunos de sus amigos a lanzadas, a la mayor prisa que pudo, llevándolos por delante hacia la barranca que habemos dicho; y los del campo de su majestad tras él, para le desbaratar; y sin parar allí, se fue a toda prisa a su fuerte, porque temió que le tomasen los del campo de su majestad; y si ellos cayeran en ello, por allí le pudieran desbaratar más presto, porque había quedado en él poca gente, y enfermos, y no de mucha confianza. Y vuelto el tirano a su fuerte, y bien descontento, comenzó a vituperar sus soldados y capitanes, llamándoles cobardes y para poco, y decía asimismo: «Marañones, a las estrellas tiráis». Y luego comenzó a desarmar algunos de los que tenía por sospechosos, y puso gran guardia en su campo, de sus mayores amigos, porque no se le huyese ninguno. Otro día siguiente, determinó con algunos de sus amigos a hacer una gran crueldad, y fue que hizo una lista de todos los soldados que tenía por sospechosos, y los que estaban enfermos en su campo, para los matar a todos, que serían más de cincuenta hombres, y con los que le quedaban, retirarse a la mar y procurar tomar algún navío, y tomar otra derrota; y teniendo ya para efectuar su dañada voluntad y desarmados los que pensaba matar, comunicando su mala intención con otros sus amigos a quien primero había dado cuenta desto, ellos, conociendo ya su perdición, y deseando acreditarse en algo para se pasar al campo de su majestad, como después lo hicieron, pareciéndoles que ya no tenían otro remedio, se lo estorbaron por buenas razones, diciendo que cómo se podían conocer los sospechosos, si no era cuál y cuándo; y que pensando que mataba a los tales, por ventura mataría a los que le seguirían y serían amigos; y, por el contrario, podría dejar vivos los que le podían ser contrarios; y que lo juzgase por su capitán Diego Tirado, que era uno de los en quien él más fiaba y se le había huido; y que no era tiempo de matar a nadie, porque, si mataba aquellos de quien sospechaba, que los que quedasen vivos sospecharían otro tanto, y que los había de matar, y de temor desto se le huirían todos, y que por donde pensaba que acertaba podría errar. Y con esto, y con otras cosas que le dijeron, y sobre todo, la voluntad de Dios que no consintió semejante crueldad, los dejó de matar; pero todavía quedó con voluntad de volverse a la costa; y en esta determinación estaba. Y así, guardando muy bien los arcabuces que había quitado a los suyos de quien tenía sospecha, y esto, porque, ya que se pasasen al rey, no llevasen arma con que le dañasen, estúvose en el fuerte, sin salir dél, ni consentir que nadie saliese, tres días. Fue desde el viernes por la mañana, hasta el lunes, ordenando su partida para la mar; y todos estos días tuvo gran guardia de sus mayores amigos, de los cuales tenía por guardia y poco menos culpados que él en la dicha tiranía, y otros de los que tenía desarmados por sospechosos, que serían por todos quince o veinte. Estos días se pasó gran hambre en el campo del tirano, que como él no consentía que nadie saliese, por temor que no se le huyesen, y para ir a buscar comida habían de salir muchos juntos, porque siempre andaban a la redonda del fuerte muchos de a caballo del campo de su majestad, para los estorbar que no buscasen comida, y para recoger que no se le huyesen; por manera que, con la hambre comieron aquellos días en el campo del tirano ciertos muletos y perros que mataron, y aun se comieran las cabalgaduras, sino que el tirano lo estorbó, porque las había menester para retirarse a la mar.

En este tiempo, de los soldados del tirano que habían pasado aquellos días al campo del rey, fueron avisados como el dicho tirano determinaba volverse a la Burburata; y para saber si era verdad, salió el maese de campo con treinta o cuarenta de caballo, y se pusieron sobre el campo del tirano para ver lo que hacían; y el lunes, por la mañana, que fueron 27 de octubre del año de 1561, teniendo el tirano desarmados gran parte de su gente, y entre ellos algunos de sus capitanes, y cargada ya su munición, y las armas en las cabalgaduras que allí tenían, quiso caminar hacia la mar, pero ninguno de los suyos le quisieron seguir, diciendo todos a una voz, que de noche era mejor caminar, y que aguardasen a la noche; y tras esto los desarmados comenzaron a decir que a dónde habían de ir sin armas, y que no era bien acordado de volver atrás; que les diesen sus armas y pasasen adelante, que era lo mejor. Viendo el tirano sus voluntades, deseándolos ya contentar, por probar si de aquella manera le iría mejor, aunque ya era tarde para hacer aquella prueba; y habiendo primero pasado entre él y sus marañones algunos coloquios, en que sus marañones le respondían atrevidamente, y quejándose él mucho de sus marañones que lo dejaban y se iban al rey, le respondió un Juan Jerónimo de Espíndola, su capitán, diciendo: que no tenía razón de quejarse dellos; que si él cuando en la Margarita y tierra firme se le comenzaron a huir, los dejara, y no los mandara buscar y ahorcar los que hallaba, que entonces pudiera ver los que le quedaban, y qué era lo que tenía en ellos, pero que él y sus amigos traían a los más por fuerza, y que no se maravillase. A lo cual el tirano respondió que era verdad, aunque con harto dolor de su corazón; y quiso matar al dicho Espíndola, y no halló quien le ayudase a ello, porque los que pudieran ayudarle, ya veían su perdición. Y luego el tirano volvió sus armas a todos, y les dijo que se hiciese como ellos lo quisiesen; y hubo algunos que no las quisieron tomar, y el mismo tirano se lo fue a rogar que las tomasen, y les pidió perdón diciendo que un solo yerro bien se podía perdonar; como si solo en aquello hubiera ofendido a sus soldados; que siempre los había traído avasallados y abatidos y sin libertad, que era lo que había traído por apellido, matándolos y afrentándolos con obras y palabras; y al fin, todos tomaron sus armas; y en este tiempo no hubo ninguno que tuviese ánimo para le matar. Y luego apareció sobre la barranca del fuerte el maese de campo de su majestad con la gente que traía, bien cerca del tirano, a los cuales los del dicho tirano comenzaron a tirar arcabuzazos y hirieron en el pescuezo al caballo en que venía el capitán Pedro Bravo; que sola esta herida se recibió en el campo de su majestad. Y a esta hora, que sería poco antes de medio día, dijeron sus soldados al tirano que querían ir a trabar una escaramuza con aquella gente que se les llegaba muy cerca, y echarlos de allí; y el tirano se los salió a mirar a la puerta del cercado. Y estando en esto, su capitán Espíndola, tomando consigo algunos amigos, a vista dél, so color de lo que había dicho al tirano, se comenzó a pasar a la gente del rey, y se juntó con el maese de campo de su majestad, y tras él alguna parte de la gente que allí estaba; y el tirano, con harto dolor y tristeza, los miraba cómo se iban; y tornándose a entrar en su fuerte, halló que todos los más que allí habían quedado se habían comenzado a huir por una huerta, saltando los bahareques y tapias del fuerte; y viéndose con no más de seis o siete de los que decían ser sus amigos, y entre ellos un su capitán Llamoso, le dijo el tirano: «Hijo, Llamoso, ¿qué os parece desto?». Y el Llamoso respondió: «Que yo moriré con vuestra merced, y estaré hasta que nos hagan pedazos». Y el tirano volvió el rostro, y vido estar un soldado, que hemos dicho que se había señalado en servir al rey, que se decía Pedrarias de Almesto, al cual le dijo el tirano: «Señor Pedrarias, estaos quedo, y no salgáis de aquí, que yo diré antes que muera quién y cuántos han sido leales al rey de Castilla; que no piensen éstos, hartos de matar a gobernadores y frailes y clérigos y mujeres, y robado los pueblos y quemádolos y asoládolos, y hecho pedazos las cajas reales, que agora han de cumplir con pasarse a carrera de caballo y a tiro de herrón al campo del rey». Y el dicho Pedrarias, no hallándose seguro de las traiciones de aquél, aguardó coyuntura, y como no tenía armas, y estaban centinelas a la puerta del fuerte dos arcabuceros, acordó de arremeter con una lanza que allí estaba, y salir por la puerta dando voces: «¡Al rey!, ¡al rey!» y los que estaban guardando la puerta hicieron lo mismo. Y luego los negros que estaban con su general salieron diciendo al Pedrarias: «Señor, llévanos al campo del rey, porque no nos maten en el camino». Y así, luego el tirano perverso, viéndose casi solo, desesperado el diablo, en lugar de arrepentimiento de sus pecados, hizo otra crueldad mayor que las pasadas, con que echó el sello a todas las demás; que dio de puñaladas a una sola hija que tenía, que mostraba quererla más que a sí. Y como al dicho maese de campo llegó el Pedrarias, y le dijo del arte que quedaba el tirano, y vido que venían con él todos los negros y las guardas que él tenía puestas a la puerta del fuerte, tomando parecer con el dicho Pedrarias que qué se haría, le respondió que ir al fuerte y dar sobre él, y rendirle; y así, el Diego García de Paredes, maese de campo de su majestad, mandó apear a uno de los que allí venían en su compañía, y le dio el caballo al dicho Pedrarias, y le dijo que fuesen ambos delante, y los demás tras él, que serían como hasta quince hombres de a caballo; y fueron de una arremetida al fuerte, y el maese de campo y el Pedrarias entraron dentro, no con poco temor de la artillería, que pudiera estar el tirano con ella para dispararla en ellos; y fue Dios servido que, como entraron, no había el tirano caído en ello, con su turbación; y allí se apearon, y rindieron el tirano;

el cual, como vido que el maese de campo y el Pedrarias echaron mano, y le amagaban a dar con una espada, dijo: «¡Ah, señor Pedrarias!, ¿qué malas obras os he hecho yo?». Y el Pedrarias le comenzó a querer desarmar, y le quitó un capote pardo con pasamanos que tenía sobre las armas; y luego el Diego García de Paredes le quitó el coselete; y luego llegó toda la gente de golpe, y allí hallaron a los pies del tirano a su hija muerta a puñaladas. Y a este tiempo rogó el tirano a Diego García de Paredes que no lo consintiese matar de ninguno de sus marañones, y que lo oyesen primero, y lo llevasen al gobernador y capitán general, que quería hablar con ellos cosas que convenían mucho al servicio de su majestad; pero dos de sus marañones, y no poco culpados, que no se dirán sus nombres hasta que haya oportunidad, como le oyeron decir estas palabras, por temor de que no dijesen cosas que a ellos les dañasen y condenasen, con los arcabuces que traían le tiraron uno tras otro; y el primero arcabuzazo, que le dio algo alto encima del pecho, habló entre dientes, no se supo qué pudo decir; y luego como le tiraron el segundo, cayó muerto sin encomendarse a Dios, sino como hombre mal cristiano y, según sus obras y palabras, como muy gentil hereje, fundado en vanidad, porque le pareció a él que en aquello consistía su buenaventuranza en que le tuviesen más por animoso que por cristiano, porque había dicho muchas veces que, cuando no pudiese pasar al Perú y destruirle, y matar todos los que en él estuviesen, que a lo menos la fama de las cosas y crueldades que hubiese hecho, quedaría en la memoria de los hombres para siempre; y que su cabeza sería puesta en un rollo, para que su memoria no pereciese, y que con esto se contentaba. Y así, fue su ánima a los infiernos para siempre, y dél quedará entre los hombres la fama que del malvado Judas, para blasfemar y escupir de su nombre, como del más malo y perverso hombre que había nacido en el mundo.

Muerto, pues, el perverso tirano, le fue cortada la cabeza por uno de sus marañones, y no poco culpado, llamado Custodio Hernández, que fuese con Pedrarias de Almesto a dar la nueva al gobernador y capitán general, que venían con toda la gente marchando hacia el fuerte, para que el dicho Pedrarias dijese la nueva cierta de la muerte del tirano, y también para que el campo del rey viniese con menos zozobra; y luego que llegó el dicho Pedrarias, fue bien recibido por el gobernador y todo su campo, y contó lo que pasaba, de que se recibió gran contento; y luego vino todo el campo y dieron en el fuerte donde estaba el perverso tirano muerto, y en aquel suelo, todo arrastrado de los negros y indios; y el gobernador Pablo Collado mandó recoger las armas y municiones, y que le hiciesen cuartos al tirano, y lo pusiesen por los caminos alrededor de Barchicimeto, y así se hizo; y su cabeza fue llevada al Tocuyo, y en una jaula de hierro fue puesta en el rollo, y la mano derecha a la ciudad de Mérida, y la izquierda a la Valencia; y como si fueran reliquias de algún Santo, que no solo se cumplió lo que él solo había profetizado de sí, pero aún más de lo que él pretendía y deseaba, para que todos se acordasen dél, y no pereciese su memoria perversa. Y, cierto, me parece que fuera mejor echalle a los perros que lo comieran todo, para que su mala fama pereciera, y más presto se perdiera de la memoria de los hombres, como hombre tan perverso, que deseaba fama adquirida con infamia. Decía este tirano algunas veces, que ya sabía y tenía por cierto que su ánima no se podía salvar; y que estando él vivo, ya sabía que ardía en los infiernos; y que pues ya no podía ser más negro el cuervo que sus alas, que había de hacer crueldades y maldades por donde sonase el nombre de Aguirre por toda la tierra y hasta el noveno cielo. Y otras veces decía que Dios tenía el cielo para quien le sirviese, y la tierra para quien más pudiese; y que mostrase el rey de Castilla el testamento de Adán, si le había dejado a él esta tierra de las Indias. Decía que no dejasen los hombres, por miedo de ir al infierno, de hacer todo aquello que su apetito les pidiese, que solo el creer en Dios bastaba para ir al cielo; y que no quería él los soldados muy cristianos ni rezadores, sino que, si fuese menester, jugasen con el demonio el alma a los dados; y así, era enemigo de los que traían cuentas o horas; y se las quitaba y rompía, y no las consentía traer, ni osaban rezar delante dél.

Muerto el tirano ya dicho, un lunes, a los 27 del año de 1561, víspera de los gloriosos Apóstoles San Simón y Judas, desde a seis días que llegó a la Nueva Valencia y ciudad de Barchicimeto, habiendo mandado solo en su tiranía desde 22 de mayo del dicho año, que mató el tirano a don Fernando de Guzmán, su príncipe, hasta este día que murió, que fueron cinco meses y cinco días, habiendo muerto más de setenta hombres, y entre ellos frailes y clérigos y mujeres.

Viendo este dicho tirano, tres días antes de su muerte, que su gente se comenzaba a pasar al servicio del rey, y que podría ser que, desbaratado contra su voluntad, porque le pareció a él que en la Gobernación de Venezuela que hubiera poca resistencia, y aunque no le esperaran, por la poca gente y armas que hay en ella, como hombre que no se acordaba de Dios, ni consideraba su gran poder, y que como cuando él quiere abate los soberbios por mano de los flacos y humildes, dicen que dijo: «Si yo tengo de morir desbaratado en esta Gobernación de Venezuela, ni creo en la fe de Dios, ni en la secta de Mahoma, ni Lutero, ni gentilidad, y tengo que no hay más de nacer y morir». Y así murió sin confesión, y a arcabuzazos, descomulgado de muchas excomuniones reservadas al Papa, así por las muertes de los frailes y clérigos, y un Comendador de Rodas, como por muchos incendios de pueblos, iglesias y otras cosas en esta Relación declaradas; habiendo dicho infinitas herejías, sin ninguna muestra ni señal de arrepentimiento ni de cristiandad; por donde se puede entender qué tal estará su ánima, pues murió hereje descomulgado, sin haber absolución de sus excomuniones.

Era este tirano Lope de Aguirre hombre casi de cincuenta años, muy pequeño de cuerpo, y poca persona; mal agestado, la cara pequeña y chupada; los ojos que, si miraba de hito, le estaban bullendo en el casco, especial cuando estaba enojado. Era de agudo y vivo ingenio, para ser hombre sin letras. Fue vizcaíno y según él decía, natural de Oñate, en la provincia de Guipúzcoa. No he podido saber quién fuesen sus padres, más de lo que él decía en una carta que escribió al rey don Felipe, nuestro señor, en que dice que es hijodalgo; mas juzgándolo por sus obras, fue tan cruel y perverso, que no se halla ni puede notar en él cosa buena ni de virtud. Era bullicioso y determinado, y en cuadrilla era esto; y fue gran sufridor de trabajos, especialmente del sueño, que en todo el tiempo de su tiranía, pocas veces le vieron dormir, si no era algún rato de día, que siempre le hallaban velando. Caminaba mucho a pie y cargado con mucho peso; sufría continuamente muchas armas a cuestas: muchas veces andaba con dos cotas bien pesadas, y espada y daga y celada de acero, y un arcabuz o lanza en la mano; otras veces un peto. Era naturalmente enemigo de los buenos y los virtuosos, y así, le parecían mal todas las obras santas y de virtud. Era amigo y compañero de los bajos e infames hombres, y mientras uno era más ladrón, malo, cruel, era más su amigo. Fue siempre cauteloso, vario y fementido, engañador: pocas veces se halló que dijese verdad; y nunca, o por maravilla, guardó palabra que diese. Era vicioso, lujurioso, glotón; tomábase muchas veces de vino. Era mal cristiano, y aun hereje luterano, o peor; pues hacía y decía las cosas que hemos dicho atrás, que era matar clérigos, frailes, mujeres y hombres inocentes sin culpa, y sin dejarles confesar, aunque ellos lo pidiesen y hubiese aparejo. Tuvo por vicio ordinario encomendar al demonio su alma y cuerpo y persona, nombrando su cabeza, piernas y brazos, y lo mismo sus cosas. No hablaba palabra, sin blasfemar y renegar de Dios y de sus Santos. Nunca supo decir ni dijo bien de nadie, ni aun de sus amigos: era infamador de todos; y finalmente, no hay algún vicio que en su persona no se hallase. Residió en Perú este tirano más de veinte años. Su ejercicio y oficio era domar potros ajenos, y quitarles los resabios. Fue siempre inquieto y bullicioso, amigo de revueltas y motines; y así, en pocos de los que en su tiempo hubo en el Perú se dejó de hallar. No sé cosa notable en que había servido a su majestad; solamente fue con Diego de Rojas a la entrada de los Chunchos, y después que de allá salió con el capitán Pedro Álvarez Holguín, en favor de Vaca de Castro; y víspera de la batalla de Chupas, se escondió en Guamanga, por no hallarse en ella; y en el alzamiento de Gonzalo Pizarro, aunque fue por alguacil de Verdugo, se quedó en Nicaragua, y no volvió hasta pasada la batalla de Xaquixaguana, y muerto y desbaratado Pizarro. Y después desto, se halló en muchos bandos y motines que no hubieron efecto; y fue uno de los que mataron al general Hinojosa, Corregidor y Justicia mayor de las Charcas, con don Sebastián de Castilla, y se alzaron contra su majestad; y después de muerto y deshecho el dicho don Sebastián, este tirano, como principal en su motín, anduvo muchos días huido y escondido; y llamado a pregones, y sentenciado a muerte; y, ciertamente, no se escapara de las manos del mariscal Alonso de Alvarado, que con gran diligencia le buscaba a él y a otros muchos desta rebelión, sino que sucedió el alzamiento luego de Francisco Hernández Girón; por lo cual gozó de un perdón general que los Oidores del Perú dieron, en nombre de su Majestad, a estos y a todos los demás que se hubiesen hallado en este o en otros motines cualesquier, y delitos que hubiesen cometido, con que se metiesen debajo del estandarte Real, y sirviesen a su majestad en la guerra contra el tirano Francisco Hernández Girón. Y así éste, por gozar deste perdón, hubo de ir por fuerza con el dicho Mariscal; y a este Aguirre le hirieron una pierna. Era tan bullicioso y mal acondicionado, que no cabía en ningún pueblo del Perú; y de todos los más estaba desterrado, y no le sabían otro nombre sino Aguirre el loco. Estuvo asimismo preso en el Cuzco, porque dijeron, y así fue verdad, que él y a un Lorenzo de Calduendo hacían cierto motín para se alzar contra su majestad. Tuviéronlo ya para ahorcar, y, viéndose perseguido de todos, por sus delitos y excesos, acordó de se venir a esta jornada con el gobernador Pedro de Orsúa; y esto, más por la fama que hubo en Perú que Pedro de Orsúa juntaba gente para se alzar, que no por deseo que tuviese de entradas. Y llegado a los Motilones, como él conoció que Pedro de Orsúa no era hombre de los que él pensaba, y le halló tan servidor del rey, quiso concertar de matar allí a Pedro de Orsúa, y alzar por general a Martín de Guzmán, para que volviesen sobre el Perú, como se ha dicho, que él lo trató con un Gonzalo Duarte; y así él fue la causa principal de la muerte del gobernador Pedro de Orsúa, matando a todos los que tenemos dichos; y hizo las crueldades y maldades que hizo, y otras muchas. He querido contar esto tan a la larga, por causa que este tirano publicaba que se había alzado porque había servido a su majestad veinticuatro años en Perú, y que no había habido remuneración de sus servicios; para que los que esto viesen y supiesen, entiendan qué tales fueron sus servicios, y el galardón que merecía por ellos; y cómo su majestad y sus ministros, de quien él se quejaba, se habían habido con él harto benignamente, pues no le habían quitado la vida, mereciendo tantas veces la muerte.

Descubrimiento del río de las Amazonas y sus dilatadas provincias
Martín de Saavedra y Guzmán

Al excelentísimo señor don García Mendoza de Haro, conde de Castrillo, de los Consejos de Estado y Guerra de su majestad, gentil hombre de su Cámara y del Consejo de ella y presidente en el Real de las Indias.

Excelentísimo señor: Llegó por la vía de Quito a mis manos la relación y planta del río de las Amazonas, tan dilatado, que, según se ve en él, continúa su corriente por 1.600 leguas, desembocando en las provincias del Brasil; y juntamente el intento de continuar esta navegación por los portugueses a las provincias de Quito, donde llegaron algunos. Hice reparo, Señor, en los inconvenientes que se podrían seguir con los que se experimentan en el río Orinoco y otros navegables de las indias, teniendo tanta diversidad de naciones, tan enemigas de la monarquía de su majestad, infestadas sus costas. Y escribilo al virrey de Lima y al presidente del Audiencia de Quito y a su majestad, cuya copia de carta pongo en la Relación; y fue tal mi advertencia, que correspondió con una real cédula que hallé de su majestad en la materia y con lo que el conde de Chinchón mandó observar, como él y el presidente me lo han escrito; y aunque lo atractivo de la fertilidad de lo descubierto fuera más, contrapesado con el daño, no es apetecible. Dedico a V. excelencia esta Relación como ministro superior de la América y como tan capaz, por el gran talento que Dios se sirvió de darle, que a mejor luz que a la ceguedad de la codicia humana, tan ávida en estas partes, aplicará el remedio igual al estado presente de la Monarquía. Lo curioso, Señor, del asunto acreditará el embarazo que doy a V. excelencia, a quien guarde Dios los felices años que deseo y he menester. Santa Fe 23 de junio de 1639. Don Martín de Saavedra y Guzmán.

Carta que don Martín de Saavedra y Guzmán, caballero de la orden de Calatrava, del Consejo de su majestad, su gobernador y capitán general del Nuevo reino de Granada y presidente de la real Audiencia y Chancillería que en

él reside, escribió a su majestad en los particulares del descubrimiento y navegación del río de las Amazonas

Señor: Aunque no me toca, por razón del oficio en que estoy sirviendo a V. M., lo que le suplico mande ver en esta, por la de mis obligaciones a su real servicio y el continuo desvelo en que vivo dél, no he podido excusar representar lo que he entendido del descubrimiento que se ha hecho para la navegación del río de las Amazonas o Marañón desde el gobierno de los Quijos y la Canela, cerca de la ciudad de Quito, hasta que desemboca en el mar y paraje del Brasil con gran cantidad de islas a su entrada, pobladas de diversas naciones, algunas de 4 y 6 leguas de circuito. Las circunstancias deste descubrimiento y los útiles que del se prometen en aquella provincia, dice la Relación que ha llegado a mis manos y remito a V. M. y otras cartas que he visto de particulares que casi concuerdan todas en la sustancia. Confieso a V. M. que, viendo el cuidado que da en este reino el río Orinoco y las poblaciones que en su boca tiene el enemigo, que navegó 40 leguas el río arriba a saquear y quemar la ciudad de Santo Tomé de la Guayana, sin tener en estos puestos más útil que el del tabaco y palos de tinta, me ha dado cuidado este descubrimiento; pues es cierto tendrá el enemigo ya noticia dél, siendo aquel paraje donde [de] ordinario asiste con armadas y urcas, ocupando puestos, siendo tan fuerte el de Fernambuco. Menos ocasión y caminos quisiera ver abiertos para penetrar el corazón desta tierra firme, que se halla tan desarmada y se vive en ella con tan poca vigilancia y cuidado que, con el socorro que he enviado a Santo Tomé y la Trinidad, no han quedado veinte arcabuces en la ciudad y pocos menos en su comarca, descuido digno de reparo en tan dilatadas provincias. Más descansada holgara yo ver la real hacienda de V. M. para descubrimientos y conquistas; menos atentos los émulos de la Monarquía a no perder las ocasiones de divertirla, siendo punto de más reparo en el estado presente la conservación y que se reparen los daños que el tiempo y menoscabo de los indios van causando y la naturaleza de los españoles que pasan a estos reinos, así en los gastos que hacen como en lo poco que trabajan para ellos, y la falta de armas y municiones que se experimenta. Al conde de Chinchón escribí, luego que supe la nueva, como a quien toca la disposición de lo que allí se ha de obrar, lo que se me ofrecía, que en sustancia es algo de lo que representó V. M. Cuya Católica y Real Persona guarde Dios como la Cristiandad ha menester. Santa Fe 29 de mayo de 1639.

Después de haber escrito a V. M. recorriendo algunas cédulas, he hallado una que me quita el escrúpulo con que daba a V. M. este aviso, en que se mandó al marqués de Cañete impidiese estos descubrimientos, con atención a los inconvenientes que tenía permitir el comercio libre que los portugueses tendrían. Remito copia de ella a V. M. y así mismo la remitiré al conde Chinchón y presidente de Quito, por si no tiene noticia de ella. Don Martín de Saavedra y Guzmán.

Relación del descubrimiento del río de las Amazonas, hoy San Francisco del Quito, y declaración del mapa donde está pintado
Alonso de Rojas[1]

La ciudad de San Francisco del Quito en los reinos del Perú, no solo famosa por su sitio y por edificada sobre montes en la más alta cordillera que corre por todo este nuevo orbe, sino también por cabeza de su provincia y asiento de la real Audiencia, es hoy, por elección del cielo, de las más felices ciudades del mundo. Nueva Menfis que Dios ha elegido por metrópoli de un dilatado imperio, por el que se ha descubierto en las vastísimas regiones del río de las Amazonas; por tenerlo a su jurisdicción y gobierno de esta ciudad famosa, hoy llave de la nueva Cristiandad, es la que asigna ministros evangélicos que llevan la fe de Cristo por aquellas extendidas provincias, sujetando a las llaves de san Pedro más almas que las que hasta ahora conocen a Dios en la América; es la que ha de dar capitanes valientes que sujeten todas estas provincias, y los gobernadores que las rijan. Prueba de su fidelidad y de que, señora, ha de sujetar a todas las naciones ahora descubiertas, es que corriendo el río Grande de las Amazonas más de 2.500 leguas, no se avecinda tanto a ninguna ciudad de las Indias, cuyos muros llegará a besar a no impedirlo las ásperas montañas. Pero llegarán cerca; el embarcadero principal del río dista de la ciudad de Quito ocho días de camino, corta dis-

---

1   A propósito de la autoría de este documento: «Marcos Jiménez de la Espada, en el estudio preliminar de la primera edición de la obra, señala al P. Alonso de Rojas, de la Compañía de Jesús, como su autor más probable, en virtud de una afirmación de Antonio de León Pinelo. El mismo erudito autor resalta el hecho de que el P. Cristóbal de Acuña, también jesuita, insertó varios párrafos de la relación del viaje de Texeira en su Nuevo descubrimiento del gran río de las Amazonas, publicado en Madrid en 1641, y argumenta que solamente podría haberlo hecho así a sabiendas de que su dueño era de la Compañía de Jesús y, por lo tanto, lo tomado, en cierto modo, propiedad común dentro de ella. Por otra parte, C. de Melo Leitão, que realizó la edición brasileña de la relación, señalaba un párrafo de la misma, que apoya la idea de Marcos Jiménez de la Espada. Así, preguntado Fray Domingo de Brieva si había hallado muchos cristianos en las tierras que había visto, respondió: desengáñese, no hay cristianos en este gran mundo descubierto sino los que doctrinan los benditos Padres de la Compañía de Jesús.» Rafael Díaz Maderuelo, *La aventura del Amazonas*, Historia 16, 1986. (N. del E.)

tancia en regiones tan extendidas. Bien se pueden gloriar Babilonia de sus muros, Nínive de su grandeza, Atenas de sus letras, Constantinopla de su imperio, que Quito las vence por llave de la Cristiandad y por conquistadora del Mundo. A esta ciudad, pues, pertenece el descubrimiento del río grande de que ahora hablamos.

El de las Amazonas, hoy San Francisco del Quito, corre de Oriente a Poniente, esto es, como dice el navegante, Leste a Oeste. Desde la provincia de los Quijos, en el reino de Quito, hasta desaguar en el mar del Norte, hace siempre su curso vecino a la Equinoccial, a la banda del Sur, por dos grados, 3, 4, 5, 6 y dos tercios, en la mayor altura. Tiene de largo de la dicha provincia de los Quijos hasta la mar, donde desagua por una boca, 1.600 leguas castellanas; esto es, por la orilla que se acerca a la Equinoccial, porque por la contraria orilla serán más las leguas, por tener más vueltas y senos el río, que todo él camina culebreando por tan luengo espacio; y así, en el mapa que va con esta Relación, se atiende por longitud por la orilla que está vecina a la Equinoccial.

La longitud deste río desde su nacimiento hasta llegar (a lo) descubierto de la provincia de los Quijos se ignora. Hay quien piensa que es su origen en las provincias del Cuzco y sierras dél; otros dicen que cerca del Potosí. La causa de esta variedad es, porque a sus principios es muy ganchoso y dividido en diferentes brazos y no se conoce el principio a el cual se agregan los otros ríos; y si tiene su origen o principio en el Cuzco o Potosí, será toda su longitud desde su nacimiento a su ocaso de más de 2.500 leguas. De latitud o ancho es muy vario en lo descubierto, porque por unas partes se explaya una legua, por otras dos, por otras tres, y por la boca, cuando llega a desaguar en el mar, pagándole tributo, parece que quiere disimular su vasallaje y no conocerse inferior al mar y se convierte en un nuevo Océano, explayándose 84 leguas. El mayor estrecho donde este río recoge sus aguas es de media legua, en altura de dos grados y dos tercios, lugar que sin duda previno la Providencia divina, estrechando este dilatado mar (llamémosle así), y dando nombre a la congregación de sus aguas, de río; disimulo que usó, para que en su angostura se pudiese fabricar una fortaleza en sitio que impida el paso a cualquiera armada enemiga, aunque venga muy poderosa. Dista esta angostura 300 leguas del mar donde desagua el río, y desde la boca se puede dar aviso al fuerte (si allí se fabricase) con canoas y embarcaciones pequeñas, de la venida de los enemigos, en diez o doce días.

La profundidad del río es grande, como se verá en el mapa por los números que están señalados dentro del río. Por partes no se halla fondo desde la boca, cuando desagua en el mar, subiendo hasta el río Negro, distancia de casi 600 leguas. Lo más bajo es de 40 brazas, número que señala el mapa hasta este río Negro, no porque en todas partes tenga 40 brazas de fondo, sino porque son muchas más, y señálanse en éstos para significar su profundidad y para dar a entender que el más bajo será de 40 brazas; y así, por toda esta distancia pueden navegar navíos de enemigos, deseosos de descubrirle; navegación a que no impide la angostura del río, pues, como habemos dicho, está muy explayado y participa de las brisas del mar. Después que el río Negro se le ha juntado, baja mucho el de las Amazonas, subiendo al Oriente, y tiene de fondo las brazas que señalan los números del río.

Todo este río está poblado de islas, unas grandes, pequeñas otras, tantas en número, que no se pueden contar; de suerte que no se navega distancia de una legua sin encontrar con islas. El mapa las señala con unas Oes verdes. Las mayores islas de este río son 4 o 5 leguas de largo, otras de 3, otras de 2, otras de 1 y otras muy pequeñas; y a estas baña el río, cuando crece a las avenidas, por grandes que sean. Estas islas grandes habitan indios en diferentes poblaciones y aldeas; las pequeñas cultivan aprovechándose de ellas para sembrar yucas y maíz en grande cantidad; y para que con las avenidas y crecientes no se pierda el fruto y el trabajo de la sementera, usan de la traza siguiente. Cavan en la tierra unos silos o cuevas muy profundas y allí echan la yuca y la tapan muy bien, cuando las aguas bañan la isla; y después que se retiran y se descubre la tierra la sacan y comen, porque no se ha podrido con la humedad. Siempre la necesidad fue invencionera, y así si enseñó a la hormiga a fabricar trojes en las entrañas de la tierra, para guardar su grano y el alimento, ¿qué mucho diese traza al indio bárbaro para que previniese su daño y guardase su sustento?, pues es cierto que la Providencia divina más cuida de los hombres que de los pájaros.

Desaguan en este famoso río en la distancia dicha de las 1.600 leguas otros muchos ríos y muy caudalosos, los que llegan a tributarle en sus corrientes en las primeras 300 leguas; subiendo hasta el fin de las 1.600 descubiertas, son también sin número los ríos en desaguar. Los principales señala el mapa con sus nombres en las dos orillas del río. Los más caudalosos son tres, dos a la banda del Sur; al uno llaman el río de la Madera por la mucha que trae de ordinario, y tiene la boca al desaguar legua y media; al otro llaman Tunguragua y tiene de boca una legua. A la banda del Norte está un río muy grande con legua y media de boca y las aguas tan negras, que se distinguen de otras, efecto que dio nombre al río llamándole Negro. El piloto mayor, de quien después hablaremos, que navegó dos o tres días por este río Negro, dice que según la noticia que pudo tener de algunos indios, nace este río de unas sierras vecinas al Nuevo reino de Granada y que en su origen se divide en dos brazos; el uno de ellos con el nombre de río Negro desagua después de largo curso en el de las Amazonas, el otro viene a desaguar en el mar del Norte a vista de la isla de la Trinidad, y piensan que este río es el famoso río Orinoco. Los demás ríos, que perdiendo sus nombres mueren en el de las Amazonas, son comunes y casi iguales; cuyos nombres señala el mapa en las bocas de los ríos; y la distancia que hay de río a río señala a la orilla de los ríos, cuando desaguan en el río grande.

Este es el famoso río de las Amazonas, que corre y baña las más fértiles y pobladas tierras que tiene el imperio del Perú, y sin usar de hipérboles, lo podemos calificar por el mayor y más célebre río del Orbe. Porque si el Ganges riega toda la India y por caudaloso oscurece el mar cuando desagua en él, haciéndole que se llame Sinu Gangetico y por otro nombre golfo de Bengala; si el Éufrates, por río caudaloso de la Siria y parte de la Persia, es las delicias de aquellos reinos; si el Nilo riega la mayor parte de África, fecundándola con sus corrientes, el río de las Amazonas riega más extendidos reinos, fecunda más vegas, sustenta más hombres, aumenta con sus aguas a más caudalosos océanos; solo le falta para vencerlos en felicidad, tener su origen en el Paraíso, como de aquellos ríos afirman gravísimos doctores que lo tuvieron. Del Ganges dicen las historias que desaguan en él treinta famosos ríos y que tiene arenas de oro: innumerables ríos desaguan en el de las Amazonas, arenas de oro tiene, tierras riega que atesoran innumerables riquezas. El Éufrates se llama así a letificando, como notó San Ambrosio, porque con sus corrientes alegra los campos, de suerte que los riega este año asegura abundante cosecha para el que viene. Del río de las Amazonas afirman los que le han descubierto, que sus campos parecen paraísos y sus islas jardines, y que si ayuda el arte a la fecundidad del suelo, serán entretenidos paraísos y sus islas jardines.

La felicidad de la tierra que riega el Nilo celebra Lucano en estos versos: Terra suis contenta bonis, non indiga mercis-Aut Jovis; in solo tanta est fiducia Nilo!. No necesitan las provincias vecinas del río de las Amazonas de los extraños bienes; el río es abundante de pesca, los montes de caza, los aires de aves, los árboles de frutas, los campos de mieses, la tierra de minas, como después veremos. Este nuevo Ganges, pues, este alegre Éufrates, este fecundo Nilo, es el que Dios ha descubierto en este siglo para gloria de la Corona de España y para bien de infinitas almas.

La causa de su descubrimiento fue la siguiente. Muchas veces inquietó el deseo de descubrirle así por el mar como por los reinos de Quito y nunca llegaron los deseos a navegarlo todo; porque, aunque muchos, no llegaron a cumplir sus deseos. Finalmente, el celo de la salud de las almas pudo más que la codicia del oro. Arrojándose el río abajo algunos religiosos en compañía de soldados españoles, cuyo caudillo era el capitán Juan de Palacios, llegaron a la provincia de los Encabellados, numerosa mucho, donde se alojaron, deseosos los religiosos de su conversión y los españoles de ayudarles. De allí, por justas causas, se volvieron a Quito algunos de los religiosos, otros quedaron con los españoles, y en cierto encuentro que los indios tuvieron con ellos, mataron al capitán Juan de Palacios. Hallándose sin caudillo, desampararon la provincia soldados y religiosos dividiéndose en dos cuadrillas. Algunos de los religiosos y parte de los soldados se volvieron a Quito; otros seis soldados con dos religiosos legos, llamados fray Andrés de Toledo y fray Domingo de Brieva, en una canoa se dejaron llevar de la corriente río abajo, no con otro intento, a lo que pienso, más que llevados del divino impulso y obligados de la falta de mantenimiento.

Echaron de ver que Dios favorecía este viaje, porque los ayudó en algunos sucesos milagrosos. El primero fue, que, dudando cuál orilla del río seguirían, echaron suertes con muchos Santos escritos en papel y salió por dos veces san Joseph a mano derecha, que cae a la banda del Sur. El segundo fue, que abriéndoseles la canoa, embarcación pequeña y vieja, fray

Domingo, religioso de conocida virtud, la tocó con la mano invocando el favor divino y la dio sana, de suerte que pudieron navegar en ella. El tercero, que llegando al fuerte de portugueses, de que después hablaremos, libres de innumerables peligros, la canoa se hundió en la orilla de la mar sin ser más de provecho, como quien dice, hasta allí fue útil, y que pues ya los dejaba en tierra de cristianos y con otras embarcaciones, ella, como inútil, se iba a pique. El cuarto, que entrando en tierras de innumerables bárbaros y muchos dellos caribes, no les hicieron mal, mas antes les dieron sustento para su viaje. El quinto, afirman los soldados de fray Domingo, llevado de los indios a que visitase sus enfermos, invocaba sobre ellos el dulcísimo nombre de Jesús y con el contacto de sus manos los daba sanos. No dudo yo que Dios hiciese estos milagros; lo que se extrañará es, que a vista de aquellos infieles no les hiciera argumento, a mi ver, claro, que Dios quiere dilatar su fe entre aquellas gentes.

Llegaron después de muchos días de navegación los religiosos y soldados al Gran Pará, población de portugueses, y de allí pasaron al Marañón, cabeza del gobierno, y lo que resultó de su llegada fue, que el gobernador portugués de aquellas provincias envió una armada de cuarenta y siete canoas, con general, soldados y muchos indios, al descubrimiento cierto del río, los cuales llegaron a Quito, como después diremos. A la boca del río de las Amazonas, a la orilla que cae a la parte del Sur, en medio grado de altura hay una población de portugueses que llaman la ciudad del Gran Pará. Tiene esta ciudad para su defensa un castillo fabricado sobre un peñol, a la boca del río que hace cara al mar, y una ensenada delante en figura de media herradura. Tiene el fuerte parapetos que caen al río y a la ensenada, cubiertos de teja hasta la retirada de las piezas, para la defensa de las cureñas en que están encabalgadas veinte piezas de artillería, las dos de hasta 30 libras de bala, 18 de a 8, de a 10 y 12 libras de bala; y en la plaza de armas, aunque pequeña, casa de vivienda para el capitán y otra casa separada para la munición, labrada de piedra. Está labrado todo el fuerte con muralla de terrapleno sobre cimientos de cantería y con foso, y en la puerta no hay puente levadizo, pero tiene reducto de dos puertas con troneras. Hay dificultad en la entrada de los navíos en este puerto y ordinariamente esperan marea para no tocar en los arrecifes que arroja la punta de la ensenada.

Subiendo el río arriba 40 leguas, hay otra población pequeña de portugueses a la banda del Sur, que llaman Conmutá, la cual no tiene defensa ni fuerte. Más arriba, 100 leguas dél está el castillo de los portugueses adonde llegaron los dos religiosos y seis soldados que dijimos bajaban derrotados por el río; está fabricada la dicha fortaleza en un lugar alto, a la orilla del río, con plataforma y en ella cuatro piezas de artillería de hierro colado, la una de 4 y la otra de 5 y la otra de 7 y la otra de 8 libras de bala, puestas en carretones de madera bajos encarados al río, con parapetos hasta los pechos. Luego se sigue la plaza de armas y una casa de munición, en donde vive el condestable de la artillería; y todo el dicho sitio está cercado de muralla con cimientos de piedra. Por la parte de afuera tiene foso y en la entrada puente levadiza de madera; de manera que, levantando la puente, está bien defendido el dicho fuerte. Fuera dél viven los soldados portugueses y los indios amigos, y allí cerca del fuerte hay otras poblaciones de indios sujetos a los soldados. Hasta este castillo ha llegado algunas veces el enemigo holandés y se hace fuerte en la orilla contraria, que cae a la banda del Norte; y, cuando los soldados portugueses los han visto alojados, han dado sobre ellos más de diez veces en diferentes años y los han vencido y quitado los fuertes que habían fabricado y aprisionado a los que quedaron vivos; de suerte que en ocasión llegaron a tener cautivos en su poder más de 1.600 holandeses; y entre los despojos cogieron una nao grande con veinte piezas de artillería, en donde venía el gran piloto Matamatigo, que por orden de los gobernadores de las islas rebeldes venía a descubrir de propósito este río y llegó con su nao hasta la provincia de los Trapajosos, que dista 200 leguas del Gran Pará.

Desde el Gran Pará, corriendo la costa del mar a la banda del Sur por el rumbo de Leste Sueste, distante 130 leguas, hay una ciudad llamada San Luis del Marañón en una isla que está en la boca del río Marañón, que desagua en el mar. Es este paraje de altura de dos grados y dos tercios, al Sur. Esta ciudad es metrópoli de todas las poblaciones que tiene el portugués en estas partes, en donde asiste el gobernador. Hay en la ciudad del Marañón tres conventos de religiosos, de San Francisco uno, otro de Ntra. Sra. del Carmen y otro de la Compañía de Jesús. En la ciudad del Gran Pará hay dos conventos, uno de frailes Franciscos y otro de Carmelitas. En todo este gobierno y sus poblaciones no hay más de seis clérigos sacerdotes, que administran los sacramentos por operarios para tan copiosa mies. ¿Cómo es posible que puedan los ministros del Evangelio, celosos de la salvación de las almas, tolerar tal desamparo? En todas las doctrinas y pueblos son los religiosos los curas. Hará tres años que salió del Gran Pará para España un Padre de la Compañía, llamado Luis Figueira, hombre grave y anciano, el cual fue a informar al rey del estado destas provincias y particularmente de algunas islas que están en el río de las Amazonas, para que se acudan con ministros evangélicos que enseñen la fe a los naturales dellas, que son casi infinitos, y con menos que con muchos ministros no se puede acudir a todos. Tenía este Padre orden de su majestad que le informara del estado de las provincias, y así fue a hacerlo personalmente.

En estas poblaciones de portugueses hay pocas mujeres que sean de su calidad; si vinieren de España, serían bien recibidas. Los indios que están reducidos en las tierras que poseen los portugueses y los que son amigos y pueden, convertidos, recibir la fe católica, son más de un millón. Hablan diferentes lenguas y entienden todos una general que corre toda la costa de Brasil; y esta lengua entienden también muchas naciones de indios del río de las Amazonas, subiendo por el río más de 400 leguas.

La ciudad del Marañón fue primero fundación de franceses, a los cuales venció y echó de aquel punto Jerónimo de Alburquerque y después Gaspar de Sosa. Los dos entraron en la ciudad y mataron 600 hombres al enemigo y lo despojaron; y vinieron al Brasil, porque supieron que el enemigo estaba poblado en aquel paraje y desde allí infestaba las costas del Brasil, haciendo presas de importancia; y desde este tiempo no ha vuelto el enemigo a poseer la tierra. Había en la isla del Marañón, que tiene 18 leguas de box, más de setenta aldeas de indios y en cada una más de 300 de pelea, cuando el portugués la entró. Algunos años después vinieron los portugueses conquistando los indios de la costa hasta el paraje adonde solían venir navíos de holandeses y franceses, pero no tenían poblaciones, y así le fue fácil al portugués edificar ciudad en la boca del río de las Amazonas. De parte de los indios hubo contradicción y con ellos tuvieron encuentros y batallas los portugueses con muerte de muchos soldados y de gran número de indios. Desde la fundación del Gran Pará hasta hoy, que habrá dieciocho años, están aquellas provincias por de la Corona de Portugal.

Con la llegada de los dos religiosos de San Francisco y los seis soldados y noticias que dieron del río que habían navegado, determinó el gobernador enviar gente práctica que lo descubriese todo y llegase hasta la ciudad de Quito. Para esto nombró por general de este descubrimiento a Pedro Tejeira, el cual en cuarenta y siete canoas de mucho porte y con setenta soldados portugueses y 1.200 indios de boga y guerra, que con las mujeres y muchachos de servicio serían por todos 2.500 personas, partieron del Gran Pará en descubrimiento del río a principio de agosto del año de 1637. Duró la navegación hasta llegar a Quito tanto tiempo, porque venían con grande espacio descubriendo los ríos y marcando los puertos. El dicho piloto mayor, que tiene medidas todas las jornadas y distancias, dice que se podría navegar el río, subiendo por él, en dos meses. Todo este río de las Amazonas, en las islas, en las orillas y en la tierra adentro, está poblado de indios y tantos en número, que para significar su multitud, dijo el piloto mayor de esta armada, Benito de Acosta, hombre práctico en estos descubrimientos, que navegó el río y todos los que en él entran hasta llegar a Quito, marcando la tierra y advirtiendo sus propiedades, que son tantos y tan sin número los indios, que si desde el aire dejaran caer una aguja, ha de dar en cabeza de indio y no en el suelo. Tanta es (su) numerosidad, que no pudiendo caber en tierra firme, los arrojan a las islas. Y no solo el río de las Amazonas está tan poblado de gente, sino también los ríos que en él desaguan, por los cuales navegó el dicho piloto tres y cuatro días y dice que cada uno de estos ríos es un reino muy poblado y el río grande un mundo entero mayor que lo descubierto hasta ahora en toda la América. De suerte que tiene por cierto que son más los indios de estos ríos que todo el restante de las Indias descubierto; porque las provincias no tienen número y la tierra adentro está tan poblada como las orillas; de suerte que si todos los sacerdotes que hoy hay en las Indias se ocupasen en la labor de tan extendida viña, estuvieran bien ocupados y faltaran ministros.

Hasta ahora no hay otros cristianos en estos ríos sino son los pocos que los portugueses han convertido en el Marañón y en el Gran Pará y en las demás sus poblaciones. A muchos destos doctrinan los Padres de la

Compañía, que andan en perpetuas misiones, visitándolos, convirtiéndolos, bautizándolos, porque de otro modo no pueden acudir con todos ni estar en puesto fijo, por la falta que hay de operarios; y sin aquestos puestos que visitan, tienen algunas doctrinas propias suyas. Preguntado fray Domingo, religioso de quien arriba hablamos, si en el Pará y tierras que había visto halló muchos cristianos, respondió: Desengáñense, no hay cristianos en este gran mundo descubierto sino son los que doctrinan los benditos Padres de la Compañía de Jesús. Todo este copioso rebaño está sin pastor, vendido a sus vicios y sujeto al Demonio, condenándose cada día infinitas almas por falta de obreros evangélicos, dejando el campo libre a Lucifer, para que reine en tan vastas provincias y sea adorado de aquellos miserables que viven en tinieblas y sombra de la muerte, sin que haya quien los alumbre con la luz del santo Evangelio.

Las naciones que habitan en el río principal y sus adjuntos, son muchas y de diferentes costumbres; las más no son belicosas, algunas tienen valor, pero ninguna de ellas es muy brava ni fiera; esto se entiende en lo descubierto, porque no hay noticia de las demás naciones que habitan la tierra firme. Todos son idólatras que adoran dioses falsos; no tienen ritos ni ceremonias para venerarlos, ni templos de sus ídolos, ni sacerdotes. A los hechiceros temen, a quienes consultan, y éstos al Demonio, de quien reciben oráculos y con embustes engañan a los miserables indios. Casi todas estas naciones andan desnudas, los hombres en todo el cuerpo, las mujeres de la cintura para arriba; lo restante tapan con unas como pampanillas.

Los indios Omaguas visten camisetas y mantas de algodón pintadas con pincel y de diversos colores, azul, amarillo, anaranjado, verde y colorado, muy finos, de donde se colige que hay madera o yerbas. En las orillas del río de las Amazonas, espacio de 30 leguas, uno de los seis soldados que bajaron el río con los dos religiosos de san Francisco sabía hablar la lengua de los Omaguas, y así, encontrando con indias en una canoa, les puso unas gargantillas de abalorio y otros dijes y les dijo en su lengua que no les haría mal, porque no era gente de guerra, que les dijesen a sus maridos que les trajesen comida, y ellas les respondieron que ya habían oído decir que los hombres barbados no les hacían mal, que ellas irían a hacer que les trajesen comida; y fueron y brevemente vinieron adonde estaba este soldado con sus compañeros, más de quinientos indios hombres y mujeres cargados de maíz, yucas y tortugas. Estos indios dijeron al soldado que los entendía, que en la banda del Norte, adonde ellos iban una vez cada año, había unas mujeres y se estaban con ellas dos meses, y si de las juntas habían parido hijos, se los traían consigo, y las hijas quedaban con sus madres; y que eran unas mujeres que no tenían más de un pecho, muy grandes de cuerpo, y que decían que los hombres barbados eran sus parientes, que se los llevasen allá. A estas indias llaman comúnmente las Amazonas.

Estos mismos soldados y dos religiosos, cuando bajaron el río, llegaron a unas muy dilatadas provincias, cuyos habitadores llaman los portugueses los Estrapajosos. Estos agasajaron a los religiosos y soldados y por señas les dijeron que fuesen con ellos por un río arriba, en cuya orilla hallaron una población grande. Entráronlos en una casa muy grande con maderas labradas, con galdas, con mantas de algodón entretejidas en ellas hilos de diversos colores, en donde pusieron una hamaca para cada uno de los huéspedes, de palmito, labrada con diferentes colores, y les dieron de comer cazave y pescado. En esta población vieron los soldados calaveras de hombres, arcabuces, pistolas y camisas de lienzo; y avisando desto después a los portugueses, les dijeron que aquellos indios habían muerto algunos holandeses que llegaron hasta aquellas provincias, cuyas eran aquellas calaveras y armas.

Unas naciones con otras tienen continuas guerras. Usan de flechas, dardos y otras armas semejantes a éstas. Los Omaguas juegan bien del dardo, porque son muy diestros en este género de arma. Los Trapajosos usan de flechas y veneno tan fino y eficaz, que no tiene contrahierba. Muchas destas naciones o las más son caribes, muy aficionadas a carne humana, y así se comen a los que cautivan en la guerra, y ésta es causa principal de sus guerras; y también pelean por quitarse las tierras los unos a los otros.

Muchas veces, en el tiempo que duró la navegación de la armadilla, ni viniesen portugueses a ella, vinieron gran suma de indios a ella, con canoas pequeñas, mostrándose afables con los portugueses, porque, aunque a los principios temían, por la novedad de la gente, que no habían visto otra vez, a quienes ellos llamaban hijos del Sol, después que comunicaban con los soldados y recibían dellos algunos dijes como cuchillos, anzuelos y muchas veces pedazos de paño roto, que colgaban al cuello como reliquia, les traían después refresco de maíz, yuca, camotes, plátanos, cañas dulces y mucho pescado, todo esto en abundancia y liberalmente, sin pedir paga. Nunca acometieron los indios en el río ni fuera dél a los españoles, y si alguna vez saltaban en tierra los soldados y se entraban por la montaña distancia de una legua a descubrir la tierra, iban delante indios amigos, a quienes acometían los de la tierra, pero en llegando los soldados, huían enemigos, y después, llamados, venían de paz y ofrecían sustento con liberalidad.

Las orillas todas destos ríos están pobladas todas de árboles tan altos, que suben a las nubes. Es llana la tierra al principio, y después se van levantando unas sierras muy altas; por partes se descubre a los campos con valle o sabana, sin árboles, y algunos matorrales. Todo lo que anduvo por la tierra adentro el piloto mayor en diferentes partes del río, es montaña limpia de matorrales y poblada de muy buenos árboles; éstos son altos y gruesos. Hay mucha diferencia de maderas de que se pueden fabricar navíos en cualquier parte en la distancia toda deste río. Las especies de árboles son muchas, cedros, ceibos y otros de grandísimo grueso. Hay en algunas orillas palo de campeche, granadillo y palo colorado que parece brasil y gran cantidad de zarzaparrilla. Hay muchas resinas en los árboles, en tanta abundancia, que con ella brean las canoas y se pueden brear muchos navíos. La fábrica de las naos se facilita con estas montañas, así por la grande abundancia de maderas y brea, como por el mucho algodón que se coge y teje y tener muy grande abundancia de pencas, de que se hace la pita, y árboles de palmas, de que se puede hacer jarcia tan fuerte como de cáñamo. De los árboles, por ser muy gruesos, se labran con facilidad canoas. En las provincias de Marañón y Pará se fabrican de gran porte. El modo de labrarlas es en la forma siguiente: cortan el tronco del árbol dándole el largo que quieren y el ancho todo del tronco, y después de haberle chaportado las ramas, le van socavando por de dentro, dejándole de boca media vara; por allí lo desentrañan, y luego llenan el hueco de agua caliente y lo cercan de fuera con fuego, con lo cual el madero se ablanda de manera, que poniéndole dentro unos palos, le van abriendo todo lo que quieren y dejan el plano grueso cuatro o seis dedos y los costados dos y tres; de suerte que vienen a tener estas canoas de ancho, las más angostas, dos varas, y las más ordinarias nueve palmos. Y después que se les ha dado todo el ancho que quieren, quitan el agua y el fuego y se vuelve a enderezar el madero. Algunas embarcaciones destas son capaces de cien hombres. Entre los árboles deste río hay uno que llaman los portugueses burapiniona, de tanta estima como el palo del brasil; madera muy galana, porque toda ella está ondeada, como camelote de aguas, con ondas negras, de que se labran canoas y escritorios muy curiosos.

Tienen los indios mucha carne de monte, como son dantas, venados, puercos monteses, jicoteas, pacas, conejos y otros animales comestibles. Hay en la montaña gran suma de monas de diferentes maneras, algunas tan grandes, que muerta una, no la pudo cargar un negro. En el Marañón hay algunos caballos y yeguas; espérase multipliquen estos ganados de suerte que llenen los campos, según son de fértiles. Del Brasil trajeron los portugueses al principio de las fundaciones cabras y puercos, de que hay gran cantidad; trajeron también un carnero y una oveja, y aunque la oveja parió, no crió el cordero, porque con el vicio de la tierra estaba tan gorda, que no le dio leche y le dejó morir; y así no multiplicaron. Hay muchas aves en la montaña y árboles del río, regaladas, para el sustento humano, como son pavas del monte, paujíes y perdices tan grandes como gallinas, en grande abundancia; algunas matan flechándolas, otras, levantándolas de sus puestos, vienen revoleando a caer en el río y allí cogen a manos. En el Pará y Marañón hay muchas gallinas de España. Todas estas provincias son abundantes de mantenimientos y capaces de que si en ellas se sembrasen las semillas de España, se darían con abundancia. Las frutas son muchas y diferentes; todas las que son propias de Indias mejores y más regaladas que en otras partes. En algunas provincias hay caña dulce muy alta y muy gruesa y por todo el río infinidad de cacao, tanto que se pueden cargar naos; de tabaco hay mucho, y beneficiado es muy bueno. Todas las provincias vecinas a este río son de tal temple, que ni hay calor que enfade ni frío que fatigue, ni variedad que sea molesta, sino una primavera continua. A las mañanas hace algún frío y todo el año es uniforme, por que no varían los tiempos por estas tierras. Debajo de la línea los días son iguales. Los campos que no están con sementeras, producen flores y los más llevan gran cantidad de batatas sin beneficio de la tierra, sino que de suyo las produce. La montaña por partes es espesa y abierta, y todo el río están entoldadas sus orillas de árboles y palmares, que rinden cocos en abundancia. De las palmas hacen los indios vino regalado. Frutas silvestres hay muchas por la mañana y a la orilla del río, y en los troncos de los árboles se coge gran cantidad de miel de abejas. La cera es prieta, y beneficiada, terná color amarilla. En el Marañón y Pará no se gasta otra para misas. Hállase miel en todo el río, que es regalo para el que navegare. Todos los años son apacibles y la tierra un retrato de la que Dios prometió a su pueblo, y a tener los ganados de Judea, dijéramos que la regaban arroyos de leche y miel. Afirmó el piloto mayor, que por muchas alabanzas que digan del río y sus provincias, son más los bienes que hay en ellas, y si el arte ayudara a la naturaleza, pudieran labrarse jardines en donde ni la diversidad de temples ni las inclemencias de los tiempos pudieran ofender a los hombres. En la provincia llamada Culimán, vecina a los Omaguas, que corre más de 200 leguas, es cierto hay oro y mucho; colíjese de que los indios traen planchas de oro colgadas en las orejas y narices, de las cuales rescataron algunas los portugueses en cantidad de más de 50 ducados de los que llegaban a la playa, porque no entraron la tierra adentro; y preguntándoles que de dónde sacaban aquel oro, respondieron que de unas sierras allí vecinas, en donde lo había en tanta abundancia, que si con los picos que traían las manos cavasen la tierra, sacarían lo que quisiesen. El mismo color de la tierra de esta provincia y otras indica que es tierra de oro. Entre las demás planchas, hallaron una que traía un indio en las orejas pendiente de un hilo de oro muy fino y muy bien labrado, cuya labor no la pudo hacer sino quien supiese del arte de platero. No se pudo saber su artífice, por no haber lengua que preguntase a los indios; presúmese hay por aquellas provincias algunos naturales que llaman plateros. Hallaron también los soldados en algunas partes plata y señales de ella y mucho cobre, y se presume ser tierra de muy ricos minerales y que, como está en poder de bárbaros, no se aprovechan de su riqueza.

Por todas partes corre este famoso río manso y ledo, de suerte que todo es navegable, sin corriente que impida a las embarcaciones; y por más que se estrechen las aguas, nunca el río olvida su mansedumbre, antes más bien por la parte más angosta, que es el de media legua, en donde van las aguas de innumerables ríos encanaladas, es la corriente más mansa, sin que haya ni sumidero de las aguas ni olaje que asombre: ordinaria condición de ríos grandes, que mientras más fondo tienen, más disimulan el ruido, seguros de su riqueza y caudal, de que hacen vana ostentación los arroyos pequeños, pues desde que se despeñan de las montañas las fuentecillas, bajan dando voces y avisando que tienen caudal de agua. Admira ver la grandeza deste río, que, como rey de los otros, jamás quiere descomponerse y antes guarda su majestad con pasos graves; si ya no es que decimos, que no alterarse las olas, no hervir las aguas, ni rifar los ríos cuando se encuentran este grande de las Amazonas ni cuando se estrechan en la angostura, lo hacen para convidar a los ministros evangélicos, facilitándoles el paso, para que lo naveguen y visiten sus provincias, ofreciendo llevarlos sobre sus hombros con toda seguridad y regalarlos con toda la fecundidad de sus campos.

En todas las orillas de este gran río tienen sus poblaciones los indios, unas grandes, pequeñas otros; de ordinario viven apartados en diferentes rancherías. Una población hallaron los portugueses tan grande por una y otra banda del río, que navegando todo un día a vista suya y comenzando la navegación tres horas antes del día hasta que se puso el Sol, no pudieron dar fin a los edificios ni hallar lugar en que alojarse que no estuviese ocupado con casas y unas continuadas con otras. Los que descubrieron la longitud de esta población no pudieron saber si era muy ancha; el piloto dice que le pareció angosta. Las casas y edificios de todos los indios son de madera, labradas con curiosidad y cubiertas de palmas; ninguna hay de piedra ni cubierta de teja. Por dentro están limpias y con aseo; no tienen alhajas sino son las que dijimos de los de la provincia de los Trapajosos. Alrededor de estos galpones vieron los portugueses muchas calaveras de hombres; sospecharon serían de gente que habían muerto y comido. Las hamacas donde duermen son de hojas de árboles o de pajas.

El piloto mayor, principal descubridor deste río, dice conviene mucho que su majestad mande edificar un fuerte en el lugar y estrecho señalado y ponga en él presidio para impedir el paso al enemigo holandés, para que no suba por el río y se apodere de sus provincias; que como la embarcación es fácil, apacible el río, los mantenimientos abundantes y los indios poco belicosos, será fácil al enemigo navegar este río y aprovecharse de las riquezas y frutos de la tierra.

Esta fortaleza servirá de custodia material de tan extendidas provincias. A la espiritual custodia convida Dios, por Isaías, a los ministros evangélicos, para que cultiven su viña, para que la guarden y la defiendan: Ite (dice, capítulo 18), angeli veloces, ad gentem convulsam et dilaceratam, ad populum terribilem, ad gente expelinea. Por los ángeles cierto es que de ordinario se entienden en las divinas letras los apóstoles y ministros del Evangelio; la frase ad gentem expectantem seu lineae, lineae admite el siguiente sentido: «Ángeles míos —dice Dios a los operarios de su viña— que cultiváis el campo de mi iglesia y, misioneros del Evangelio, lo lleváis por remotas provincias, apresurad los pasos, acelerad los vuelos ad gentem expectantem seu linea, line; esto es, como explica Mendoza, ad gentem super quam est (?) Linea, ut destrua. Visitad veloces la gente que está en el extremo peligro de su salud, condenada sin duda a eternos castigos, si no los socorren los ministros evangélicos». O querrá decir: «Id veloces, ángeles míos, a las innumerables provincias sobre las cuales tengo yo echados mis cordeles para edificar una nueva Iglesia; libradla de la infidelidad con que vive y fabricad en ella el edificio de la fe; id a la gente que vive debajo de la Línea y para visitar sus provincias se pasa muchas veces la Equinoccial; id ad gentem convulsam et dilaceratam, a una gente miserable, entregada a las manos de sus vicios, a quien destroncan sus pasiones; ad gentem expectantem, a las naciones que aguardan nuestro socorro».

¿Quién, según esto, no ejecutará el orden de Dios que intima su profeta? ¿A quién no enternecerán los suspiros de la gente que aguarda? ¿Quién, si tiene celo de la gloria Divina, consentirá que el Demonio cause tan miserable destrozo en las almas? ¿Quién no apresurará los vuelos como ángel, que para socorrer a la gente que vive debajo de la Línea quiere Dios que sean veloces los pasos: ite, angeli veloces? Y para que no haya rémoras que retarden los de los ministros, todo lo hace fácil Dios, porque los infieles están aguardando abiertas las puertas para recibirlos; la embarcación del río los convida con su facilidad, las aguas con su pescado, la tierra con sus regalos y el temple con su apacibilidad. Y pues Dios con tanto afecto exhorta a esta misión, confío en su Divina Majestad que han de venir infinitos misioneros que saquen de la sombra de la muerte estas almas y las lleven al cielo, haciendo oficio de ángeles.

Libros a la carta

A la carta es un servicio especializado para

empresas,

librerías,

bibliotecas,

editoriales

y centros de enseñanza;

y permite confeccionar libros que, por su formato y concepción, sirven a los propósitos más específicos de estas instituciones.

Las empresas nos encargan ediciones personalizadas para marketing editorial o para regalos institucionales. Y los interesados solicitan, a título personal, ediciones antiguas, o no disponibles en el mercado; y las acompañan con notas y comentarios críticos.

Las ediciones tienen como apoyo un libro de estilo con todo tipo de referencias sobre los criterios de tratamiento tipográfico aplicados a nuestros libros que puede ser consultado en Linkgua-ediciones.com.

Linkgua edita por encargo diferentes versiones de una misma obra con distintos tratamientos ortotipográficos (actualizaciones de carácter divulgativo de un clásico, o versiones estrictamente fieles a la edición original de referencia).

Este servicio de ediciones a la carta le permitirá, si usted se dedica a la enseñanza, tener una forma de hacer pública su interpretación de un texto y, sobre una versión digitalizada «base», usted podrá introducir interpretaciones del texto fuente. Es un tópico que los profesores denuncien en clase los desmanes de una edición, o vayan comentando errores de interpretación de un texto y esta es una solución útil a esa necesidad del mundo académico.

Asimismo publicamos de manera sistemática, en un mismo catálogo, tesis doctorales y actas de congresos académicos, que son distribuidas a través de nuestra Web.

El servicio de «libros a la carta» funciona de dos formas.

1. Tenemos un fondo de libros digitalizados que usted puede personalizar en tiradas de al menos cinco ejemplares. Estas personalizaciones pueden ser de todo tipo: añadir notas de clase para uso de un grupo de estudiantes,

introducir logos corporativos para uso con fines de marketing empresarial, etc. etc.

2. Buscamos libros descatalogados de otras editoriales y los reeditamos en tiradas cortas a petición de un cliente.

Printed in Poland
by Amazon Fulfillment
Poland Sp. z o.o., Wrocław

69305523R00111